MÉMOIRES
D'UN HUSSARD
DE CHARTRES.

Par F. Boulnois.

PARIS.
RAYNAL, ÉDITEUR, I. PESRON, LIBRAIRE,
RUE PAVÉE SAINT-ANDRÉ DES ARCS, N° 13.
1833.

MÉMOIRES
D'UN HUSSARD
DE CHARTRES.

IMPRIMERIE DE E. CHAIGNET, A RAMBOUILLET.

MÉMOIRES

D'UN HUSSARD

DE CHARTRES.

Par F. Boulnois.

PARIS.
I. PESRON, LIBRAIRE, || RAYNAL, LIBRAIRE,
RUE PAVÉE SAINT-ANDRÉ DES ARCS, N° 13.

1833.

PRÉFACE.

IDÉE!.... Qu'il est difficile à la surmonter lorsqu'elle vous poursuit sans relâche; que tous les jours à votre réveil, assise au chevet de votre lit, elle se renouvelle sans cesse sous différentes formes, fait naître mille pensées qui se heurtent contre votre raison et fortifient son empire; que tous les jours encore, à chaque heure, elle est là présente, variée, mais toujours fixe; se déroule à votre imagination, embrase tous vos sens, et entraîne votre être à une condescendance absolue. Telle est, cher Lecteur, celle qui m'agitait depuis long-temps, qui prit naissance dans le préjugé et voulut le combattre; qui s'est accrue dans les ruines de Willers; qui ne m'a laissé de repos qu'après avoir jeté sur le papier les pensées confuses dont elle m'assiégeait, et les avoir livrées à votre jugement. Les femmes y trouveront de dures vérités et me les reprocheront peut-être; j'ai suivi le cours rapide qui m'entraînait, en me mettant à l'abri du mensonge; je raconte ce que j'ai vu et ne l'emprunte point. Puissé-je ne pas me reprocher d'avoir cédé à une mauvaise idée.

MÉMOIRES D'UN HUSSARD DE CHARTRES.

I.

Leçon morale. — Effet du Préjugé.

La nuit a déployé ses ailes ; le disque doré du soleil a fui vers l'horizon ; tout repose dans la nature ; Philomèle seule se réjouit de sa solitude, et forme un singulier contraste avec les cris aigus de la chouette, qui, répétés de temps en temps, attristent le voyageur.

Quelle est donc cette jeune fille, à la marche chancelante, qui cherche un appui et promène au hasard des yeux égarés? Plongée dans une profonde méditation, elle s'assied, et son œil inquiet s'efforce à découvrir dans le lointain l'objet de ses recherches. Ne l'apercevant point, elle se relève, gravit le petit monticule qui domine la jolie ville d'Aumale, et s'y arrête; elle écoute, rien ne trouble la tranquillité de la nuit; elle écoute encore, même silence; cependant le *tic-tac* répété d'un moulin vient la tirer de sa rêverie; elle reprend, non sans une vive émotion, le chemin qu'elle avait un instant quitté et se dirige vers le bruit qui fixe son attention; près d'arriver au village, qu'elle reconnaît pour le berceau de son enfance, des larmes coulent en abondance sur ses joues décolorées ; ses forces suffisent à peine pour la soutenir; elle hésite..... Mais l'amour filial lui a dicté son devoir; ses pas incertains reprennent une nouvelle vigueur; elle est dans les bras de sa mère!

Malgré la bonne volonté que j'ai, mon cher

Lecteur, de vous faire connaître cette jeune désolée, et le motif pour lequel ses jolis yeux versent des larmes, je suis consciencieusement obligé de remonter à la source d'où elle vient; et quoique mon désir soit de vous dévoiler les malheurs d'une jeune fille, dont la beauté, les grâces et les dix-huit ans vous intéressent sans doute déjà, j'abrégerai cependant; car lorsque vous saurez les *si* et les *mais*, les *pourquoi*, les *comment*, vous n'en serez pas plus avancé, mais vous plaindrez, j'en suis certain, les jeunes filles qui possèdent un cœur sensible. Abrégeons.

Dans l'un des beaux et fertiles vallons que la Bresle arrose de ses eaux vivifiantes, vivait, en l'an 18.., une honnête et nombreuse famille, connue sous le nom de Belmonti; le chef de cette famille, respectable vieillard sexagénaire, avait autrefois, c'est-à-dire il y a long-temps, participé à l'arrestation du fameux Rottervalle, chef d'une bande de braves gens que nous appelons vulgairement voleurs, crains et redoutés dans les environs par leurs exploits nocturnes. Les habitans de ces paisibles contrées avaient vu avec joie la justice s'emparer de ces misérables, et comme ils en devaient l'effet à Belmonti, qui, à cette époque, était bailli, ils lui en témoignaient par des acclamations unanimes leur vive reconnaissance; de manière que le nom de Belmonti devint si populaire parmi eux, que deux ou trois années successives ils le députèrent pour aller défendre leurs droits près de la Convention nationale. Belmonti jouissait alors d'une honnête aisance et d'une très haute considération. Il aurait pu s'en tenir là, si l'ambition, qui enrichit les hommes et finit toujours par les perdre, ne se fût emparée tellement de lui, que voulant briguer, dans le nouveau système établi (c'était je crois en 1790), une condition supérieure à celle qu'il occupait depuis nombre d'années, et ne sachant point que pour énoncer le vœu des autres, il faut ménager son opinion, il se fit libéral, et en effet il en avait l'âme. Mais dans ces momens d'effervescence, où rien n'était stable, où il fallait changer plus souvent d'opinion que d'habits, le pauvre Belmonti ne fut plus à la hauteur des circonstances, et faillit payer de sa tête ses anciennes idées libérales. Il reconnut alors son erreur, il était temps; voulant soustraire à la férocité lui et sa famille, il s'échappa furtivement de la capitale, et fut assez heureux de trouver une retraite qui le garantît des persécutions réservées à ses concitoyens, qui, comme lui, entendaient le bonheur public dans toute son acception.

Retiré du monde et vivant dans une douce sécurité, Belmonti oublia qu'il avait un moment pensé aux grandeurs : en bon citoyen, il n'oublia jamais ce qu'il devait à son pays, qu'il avait toujours bien servi; il s'amusa à faire des enfans, à sa femme bien entendu; mais comme si la fortune devait encore contrarier ses projets, il ne put parvenir à avoir un héritier de son nom; il eut cinq demoiselles, et le nom de Belmonti eût été perdu dans l'immensité du néant, si.... Un instant, j'abrège trop.

Le temps commençait à s'éclaircir; l'orage

qui depuis long-temps grondait sur la France, fit place à un ciel serein ; la terreur avait fui avec ses tristes apanages ; la Providence réservait à notre belle patrie de futures destinées, qui la rendirent auprès du monde entier un objet de respect et d'admiration. Tout rentra dans l'ordre; on recouvra de nouveau la liberté d'agir et de parler; Belmonti revit sa famille, ses amis ; des jours d'allégresse furent consacrés à faire oublier ceux passés dans l'exil; une larme fut donnée à la mémoire de ceux que la hache révolutionnaire moissonna, et, dans leurs vœux à la Divinité, ils la prièrent de pardonner aux auteurs de tant de calamités.

Au nombre de ceux dont on déplorait le plus la perte, était M. B..., ancien procureur du roi et beau-frère de Belmonti ; la cause de sa mort est et restera inconnue, comme celle de tant d'autres victimes. Oublions ces instans de malheur, des jours glorieux y ont succédé, des jours de bonheur nous les feront oublier ! La veuve de l'ancien procureur se trouvait donc réunie aux conviés que Belmonti avait rassemblés pour célébrer leur heureux rapprochement; on y chanta le régénérateur de nos libertés et de notre gloire nationale; on y parla des peines de l'absence, du plaisir de se revoir; on y but de bon vin; enfin tout se passa le mieux du monde. On m'a même raconté, mais je ne puis l'assurer, que le festin avait fini par l'hyménée de l'une de ses filles; la fête eut donc un lendemain.

Or, vous saurez que la veuve du procureur était une femme du bon vieux temps, qui touchait à sa soixante-quinzième année, qui marchait encore droite comme un if, qui ne se servait jamais de lunettes pour lire les psaumes du roi David, et qui, mieux encore, dansait la gavotte tout aussi bien qu'Isabelle Belmonti, la plus jeune de ses nièces.

Peu de jours après cette réunion de famille, la veuve de B.... témoigna le désir de retourner à Rouen, où elle s'était retirée depuis la mort de son époux. Quoique dansant aussi bien que ses nièces, la bonne femme pensait avec raison qu'elle ne danserait pas si long-temps, et voulant mettre ordre à ses affaires, elle en toucha un mot à son frère, afin qu'il voulût bien répartir à chacun de ses héritiers ce qu'il lui revenait ; cela fait, elle s'en sépara en emmenant Isabelle, le cœur content et disposée à rendre compte, au Créateur de toutes choses, des jours qu'il lui avait accordés.

Toute prête qu'elle était à rendre l'âme, la bonne vieille n'en mourut pas plus tôt. Isabelle grandit ; ses formes, cachées sous la bure, se développèrent insensiblement sous l'élégant déshabillé que l'ouvrière de la ville sait ajuster avec art ; sous la gaze légère palpitait un sein qu'aucune main sacrilége n'avait encore osé profaner ; ses cheveux d'ébène tombant négligemment sur ses épaules, sa taille svelte, le contour de son corsage, étaient autant de grâces naissantes sous le voile de la candeur et de la modestie.

Pourquoi de si grands avantages sont-ils si souvent funestes au sexe faible et timide, que la corruption encense et que le mensonge séduit? Pourquoi, pourquoi?..... Que de *pour* et que de *contre* il y a dans tout ceci; que de questions à soulever, que je ne veux pas éclaircir. Les hommes seraient des monstres, si Ève, en perdant le premier, n'eût assujetti les autres aux vicissitudes de la vie terrestre.

On dit tous les jours que le temps passé n'est plus, cela est clair : par-là j'entends exprimer les regrets plutôt de l'âge heureux où nous avons vécu, que de critiquer celui où nous vivons; car, à quinze ans, nous n'avons pas de temps à regretter : le présent nous charme, l'avenir nous enivre; il n'y a donc de regrets que pour nos vieilles coquettes et nos grandes mamans, qui ne cessent de nous rabâcher *que de leur temps ce n'était pas comme cela; qu'il y avait des mœurs, et qu'aujourd'hui.....* Cela est fort possible; pour moi, je ne sais pas comment les mœurs étaient observées avant la révolution, mais je suis certain que la séduction allait son train tout aussi bien qu'aujourd'hui, ce qui n'est pas une profession de foi très louable, et qui prouve que l'homme ne savait pas plus commander à ses passions que la femme y résister. Ainsi, disons donc que la séduction est dans le plaisir des sens et ceux-ci dans la nature; à part les préjugés qui nous rendent esclaves de ce que nous appelons société, nous sommes tous enclins au penchant irrésistible qui fait mouvoir tout être qui est un; que l'homme vertueux et la femme sage ne peuvent s'en défendre; que l'aimant qui attire deux cœurs l'un vers l'autre et les fait céder à la plus douce sensitive du rapprochement, ne peut être vicieux. Les hommes de tous les temps furent corrompus par les mœurs de leur époque; la nature est comme la vérité, simple, sans fard; c'est en nous en écartant que nous perdons le précieux coloris dont elle se couvre; c'est en outrant ses principes, fondés sur une saine morale, que nous tombons dans un gouffre de corruption, dont il ne reste de nos vertus naturelles que l'art de les feindre et de les déguiser.

Sans tous ces péchés capitaux, qui sont à la honte du genre humain, et auxquels, pour son malheur, nous ne pouvons guère remédier, il n'y aurait certainement pas autant de lacunes dans les archives des douze arrondissemens de Paris. Que, de jeunes et aimables femmes n'auraient pas à déplorer un moment de faiblesse, qui ne fait qu'ébaucher le bonheur et les livre ensuite à l'indulgence des hommes ! C'est encore ici un abus de tous les temps, que les siècles à venir ne sauraient réformer ; passons.

Je vous ai promis, Lecteur, de vous dire le sort fatal qui pèse sur notre aimable fille et l'accable du poids de l'infortune ; son nom, il ne vous est plus inconnu, vous l'avez déjà prononcé. Oui, Isabelle Belmonti, victime des sentimens que la nature lui a donnés, s'est perdue parmi nous en cédant aux plus doux épanchemens de son âme ; mais ce n'est point assez, sa faute ne lui est pas personnelle, elle doit encore rejaillir sur l'être innocent qui en est la conséquence : ô préjugés !

Isabelle avait fui avec son séducteur le toit hospitalier de sa tante ; ils craignaient avec raison sa sévérité; c'est vers la maison paternelle qu'il lui fait entrevoir l'espoir d'être à elle; c'est là qu'elle doit le présenter à ses parens, qu'il veut obtenir son pardon en rendant à leur fille l'honneur qu'il lui a ravi. Confiante en son amant, elle se livrait avec une joie enivrante à l'illusion d'un bonheur qu'il lui tardait de voir réaliser. Son excuse est dans sa faute, elle aime; l'objet de ses affections va devenir son époux : c'est encore dans ses bras qu'elle puise des forces, pour oser avouer à l'auteur de ses jours ce qu'à peine elle ose s'avouer à elle-même; c'est le pressant sur son cœur qu'elle en reçoit les protestations de la plus vive amitié; elle y croyait. Hélas! que de larmes amères ne dut-elle pas verser, lorsqu'elle se vit tout-à-coup abandonnée par le seul espoir qui pût rendre son bonheur durable ! C'est en s'acheminant vers l'endroit qui doit le consolider, que celui qui en tient l'édifice, conspire pour le renverser; c'est en recevant les plus douces étreintes d'une constante amitié, qu'il prépare le coup qui doit être, pour la pauvre Isabelle, mille fois plus cruel que la mort. Ils sont près d'arriver; une larme de joie humecte les paupières de la jeune fille, car c'est encore là qu'elle doit, dans les bras d'un époux, achever le rêve de son imagination. Elle s'admire en secret d'être mère, elle veut que son ami partage son émotion; elle le presse contre son cœur brûlant d'amour : mais il est pâle, tremblant, à peine peut-il se soutenir. Isabelle l'interroge, il ne lui répond que par des mots entrecoupés, qui sont le prélude de l'action qu'il lui coûte d'accomplir. Mais pourquoi ce trouble? elle s'en demande intérieurement la cause. Ses yeux, où naguère brillait une étincelle qui portait le délire dans son âme, ne respirent plus le feu sacré qui enivra ses sens des plus douces voluptés, et lui donna l'assurance d'un bonheur réel, que lui seul lui a fait partager. La froideur avec laquelle il reçoit une main que tant de fois il a saisie avec empressement, lui donne le pressentiment de la peine que lui fait éprouver sa position. « Il craint, se dit-elle, le courroux de mes parens, il lui en coûte à leur faire connaître ses sentimens. Ah! ne répare-t-il pas et sa faute et la mienne? Sa démarche est délicate; elle n'est que naturelle : aurais-je ainsi quitté ma tante, s'il ne m'y eût contraint? sans l'amour qu'il me fit partager, avec quelle joie reverrais-je ces lieux témoins de mon bonheur et de mon innocence! et il hésite, le cruel!.... » Pauvre Isabelle! ces réflexions, quoique peu rassurantes, flattent en vain ton espoir. Qu'ira-t-il demander à ton père, tandis qu'il commande en maître en ton cœur? Son amour-propre ne serait-il pas blessé au seul reproche qu'il pourrait lui adresser? Ne s'est-il pas déjà abaissé devant toi pour triompher de ta faiblesse? Dans des transports d'ivresse le Ciel a reçu ses sermens, le Ciel ne lui reprochera pas son ingratitude; mais n'espère pas que son orgueil fléchisse devant un père justement offensé.

A toutes ces pensées qui agitaient le cœur du jeune homme et le mettaient dans la plus cruelle alternative, se joignait la résolution tardive, mais inébranlable, de se séparer d'Isabelle, avant même de lui donner le temps de réfléchir; à lui aussi il en coûtait pour rompre des nœuds que l'amour a formés; mais il le faut, les convenances de son rang l'y obligent, car il est riche, il est noble. Isabelle est jolie, mais elle n'est que la fille d'un cultivateur; il le faut, parce qu'un vieil oncle dont il est le pupille, instruit de ses liaisons amoureuses, l'a banni de sa présence; il le faut, parce qu'il est difficile de résister aux vœux de toute sa famille; il le faut enfin, pour le malheur de son amie et celui de l'enfant qu'elle porte en son sein, dont il ne peut s'avouer le père sans encourir le blâme de ses parens, la raillerie de ses camarades, et renoncer aux conquêtes futures auxquelles son âge et sa position sociale lui donnent le droit de prétendre. Il plaint son amie abandonnée, mais cet abandon est nécessaire à son repos; le sacrifiera-t-il pour l'amour d'une femme qui ne peut lui appartenir légitimement? Il va la rendre malheureuse, cette pensée l'afflige; il se rappelle les doux instans passés près d'elle ; il voudrait les effacer de sa mémoire : c'est en vain ; et pourtant il faut la fuir ; encore quelques heures, il ne sera plus temps. Isabelle est facile parce qu'elle l'aime, crédule parce qu'elle croit en ses promesses ; pourquoi ne profiterait-il pas de tous ces avantages pour assurer sa défaite et triompher du scrupule où le retient une fausse délicatesse ? Si son amour le met encore en défaut, le génie du mal lui a déjà suggéré les moyens d'en venir à son but, en préparant un breuvage qui doit faciliter sa fuite et plonger sa victime dans un doux sommeil, dont elle ne se réveillera que pour connaître toute l'étendue de son malheur ?

Assis sur un gazon de verdure ombragé par de frais tilleuls, un bras passé au cou de son amante, Ferdinand D..... lui rappelait les protestations d'amour que tant de fois il lui a faites avec sincérité, et qu'aujourd'hui il ne lui rappelle que pour mieux la tromper ; mais osera-t-il, au sein des voluptés dont il partage l'enivrement, porter froidement la mort à celle qui lui fait goûter toutes les délices de la vie? Non, Ferdinand est amant, il est heureux; dans l'oubli que lui fait partager son amie, il est prêt à la suivre, à se jeter avec elle aux pieds de ses parens et à leur demander sa main; mais la sévère raison veut le rendre coupable, elle lui reproche sa pusillanimité : l'heure de la jouissance est si courte! C'est alors que feignant de boire du breuvage préparé d'une main tremblante, il en porte le flacon aux lèvres amoureuses de son amante, l'attire doucement vers lui, sa bouche en reçoit un baiser dont il n'est plus digne; il frémit en secret de son action, il est trop tard. Bientôt il s'aperçoit que la voix de son amie devient faible; peu à peu elle s'éteint, et sa tête chancelante retombe sur le sein de celui qui la trahit.........

Certain que son Isabelle est plongée dans un profond sommeil, effet ordinaire du violent narcotique qu'il lui a fait prendre, son coupable amant s'échappe sans bruit, reprend à grands pas, dans la plus vive agitation, le chemin de la ville voisine, où il ne tarde pas à arriver : là, déjà hennit un cheval préparé par ses ordres. Cependant les nuages, amoncelés depuis quelques heures, crèvent; la pluie tombe par torrens, l'éclair brille, le tonnerre gronde, le ciel semble lui reprocher sa faute; mais le sort en est jeté; rien ne l'émeut : il s'élance sur le fougueux coursier, pique des deux les flancs du noble animal, qui se cabre épouvanté par l'orage et refuse de lui obéir; mais, vaincu par l'adresse de son cavalier, il part, escorté de la foudre et des éclairs, et galope bientôt sur la route de Rouen. Laissons notre voyageur aller apaiser le courroux de son vieil oncle, par sa soumission à ses ordres, et revenons à notre belle délaissée. Au premier coup de tonnerre, ses beaux yeux s'étaient insensiblement ouverts à la lumière; sa blanche main cherche son amant pour le presser sur son cœur; mais quel n'est pas son étonnement de se voir seule avec l'orage : semblable à Ariane qui, après avoir guidé Thésée comme par la main dans les immenses détours du labyrinthe de Crète, et l'avoir, par ses conseils, soustrait à la rage du Minotaure, s'en vit lâchement abandonnée, faisait retentir l'île de Naxos de ses lamentations ; de même la pauvre Isabelle n'osait encore croire à son malheur, parcourait la campagne et faisait retentir l'écho du nom de son perfide amant ; mais convaincue de l'inutilité de ses efforts, et apercevant encore près d'elle les restes de la fatale liqueur, elle tombe inanimée sur le sol. Cependant la fraîcheur du soir la rappelle bientôt à sa douleur ; elle se lève : et c'est là que nous l'avons laissée, reprenant non sans peine le chemin du hameau qui l'a vue naître, et où nous l'avons vue arriver et tomber dans les bras de sa mère.

Tel est, mon cher Lecteur, le récit exact que j'avais à vous raconter. Isabelle trouva, dans les embrassemens des auteurs de ses jours et dans les naïves caresses de ses sœurs, les consolations dont elle avait besoin dans sa situation. Belmonti pardonna, parce qu'il était bon père, et qu'en homme d'esprit il savait que trop de sévérité ne servirait qu'à rendre encore plus coupable sa malheureuse fille, en l'abandonnant à son désespoir. Il s'occupa néanmoins à découvrir la retraite du séducteur de son enfant. Laissons-le à ses recherches, qui furent infructueuses par suite d'une circonstance dont il va être parlé.

Porté par son excellente bête, aucun incident ne vint interrompre le voyage de notre jeune homme, qui arriva heureusement dans la ville, berceau de son enfance, et se rendit aussitôt chez son oncle, qui le reçut à bras ouverts. Mécontent de lui-même, Ferdinand, pour s'étourdir, se jeta d'abord dans le tourbillon du monde; le jeu, les plaisirs de tous genres, ne firent qu'accroître son chagrin. Malheureux de se croire en horreur à la seule femme qu'il aime, il s'efforce en vain de surmonter cette idée; en vain quelques amis qui sont dans sa confidence, veulent lui procurer de nouvelles jouissances et chasser loin de lui la pensée qui le prédomine, tous leurs efforts sont inutiles ; elle s'attache à lui comme un spectre se renouvelle sans cesse au criminel, et vient porter le remords en son âme troublée. Le souvenir de l'action qu'il a commise le poursuit sans relâche ; il ne peut goûter un instant de repos ; l'insomnie lui rend les nuits insupportables ; pour en abréger la durée, il pousse machinalement, et à diverses reprises, le ressort de sa montre, chef-d'œuvre de l'art, et lui fait répéter des airs que naguère l'oreille attentive de son Isabelle écoutait avec ravissement, et portaient à son cœur l'heure du rendez-vous. Parfois il se lève, ses pas sont incertains, sa démarche décèle une violente agitation ; il s'arrête, se parle à lui-même, et profère des mots sans suite ; sa tête devient pesante, sa langue s'épaissit, ses nerfs se contractent, et le malheureux tombe accablé sur un canapé où l'aurore le retrouve.

M. Dulac, oncle de Ferdinand, voit avec le

plus mortel chagrin la douleur excessive du neveu qu'il chérit ; craignant avec raison pour ses jours, il va le trouver. « Mon ami, lui dit-il, ta position me peine ; mon plus grand bonheur serait de voir revenir la gaîté qui, jadis, te caractérisait. Je pense que les voyages te rendraient un repos que tu n'as plus, et finiraient par chasser de ton esprit les noires idées qui l'assiégent. Pars, va sous le beau ciel de l'Italie, admirer les points de vue pittoresques de ce charmant pays ; jouis de son heureux climat ; satisfais toutes tes fantaisies, contente tous tes désirs ; n'épargne pas ma bourse : trop heureux si mes soins rendent le repos à ton âme agitée. » Ce projet souriait à Ferdinand ; déjà depuis long-temps, avide de connaissances, il avait désiré visiter ce beau pays, célèbre par tant d'artistes distingués, et que nos auteurs ont chanté tant de fois dans leurs vers. Son vieil oncle le presse de partir, et, en l'embrassant, lui remet un porte-feuille garni de billets sur toutes les banques d'Italie. Notre jeune homme ne résiste plus; les apprêts de son voyage terminés, il monte en voiture, accompagné des bénédictions de son oncle, et, suivi de son fidèle Robert, il prend la route d'Italie, sur laquelle nous le laisserons voyager.

II.

Fête interrompue. — Naissance d'Édouard. — Nouveaux Personnages.

Cinq mois après ces divers événemens, sur le déclin d'une belle journée, au moment où les paisibles habitans de la vallée goûtaient la fraîcheur du soir, et que pour se délasser de leurs travaux champêtres, un groupe de jeunes filles, accompagnées de robustes villageois, entourait un vieux ménestrel qui s'efforçait, mais en vain, de tirer de doux accords d'un mauvais instrument, et criait à tue-tête pour mieux se faire comprendre, une violente détonnation se fit entendre et porta le trouble au sein de cette multitude joyeuse. La danse cesse, et par un mouvement involontaire, effet de la surprise, notre ménestrel laisse échapper de ses mains le violon qui vient se briser à ses pieds. Fatigué de son poids, le tonneau sur lequel il est monté défonce et roule avec lui; notre bonhomme se croit mort, et augmente par ses clameurs la confusion des assistans; on l'aide à se relever, et l'on parvient, non sans peine, à le convaincre qu'il n'a aucun mal. Peu à peu le silence se rétablit, chacun attend avec anxiété et prête l'oreille pour s'assurer si le bruit va de nouveau se faire entendre; rien ne les trouble. Revenus de leur terreur panique, nos villageois se disposent à recommencer; déjà les plus lestes d'entr'eux avaient saisi la main potelée de leurs danseuses, lorsqu'une seconde détonnation vint prolonger leur étonnement et exciter leur curiosité; on s'interroge des yeux, on se heurte, on va, on vient, on fait mille conjectures; tout-à-coup éclatent dans le lointain des cris d'allégresse; la foule impatiente s'y précipite, et ne tarde pas à apprendre la naissance du roi de Rome par des courriers qui, se croisant sur toutes les routes, vont porter aux nations la nouvelle de ce grand événement. Tous les habitans sont sur pied, chacun s'efforce de surpasser son voisin, et fait de nombreux préparatifs pour rendre cette fête plus brillante. L'élite de la garde nationale s'assemble sur-le-champ, et délibère afin de nommer celui qui, d'entr'eux, doit porter près des autorités les paroles de respect et d'amour dont ils se sentent pénétrés pour le royal enfant; ils n'hésitent pas, les services que jadis Belmonti a rendus à leurs pères, leur font un devoir de le choisir pour l'interprète de leur cœur. Ils se rangent en ordre, s'avancent en silence, ayant à leur tête l'étendard aux trois couleurs, symbole de nos libertés; arrivent à la demeure du vieillard, et l'un de leurs officiers va lui faire connaître l'objet de leur démarche. Ici se passait une scène bien différente. Entré dans la maison, notre officier cherche, mais en vain, celui sur lequel il fonde son espoir; elle est déserte; il en parcourt plusieurs pièces où règne un silence absolu. Tout-à-coup des pleurs et des gémissemens, partis d'un appartement du fond, viennent frapper son oreille; il ne sait s'il doit y diriger ses pas ou retourner; mais, vaincu par son patriotisme, il frappe légèrement, une porte s'ouvre, et le touchant spectacle où la nature avait placé la malheureuse Isabelle, vient frapper ses regards.

Un genou en terre, et les yeux tournés vers l'image du divin Rédempteur, le respectable Belmonti tenait entre ses bras une faible créature, et le priait de verser toutes ses bénédictions sur le nouveau-né, et de conserver les jours de sa fille chérie; à côté, sur le lit qu'entourent plusieurs personnes, gît la jeune mère, qui n'a plus qu'un souffle de vie; un soupir s'échappe inopinément de sa poitrine oppressée, et le nom de Ferdinand vient expirer sur ses lèvres mourantes; un mouvement convulsif se communique soudain aux témoins de cette scène muette, et le cri *elle n'est plus* est répété par chacun d'eux. Craignant de se rendre importun, et voyant que le but de sa visite ne pouvait être rempli, le garde national se disposait à se retirer. Belmonti s'apercevant de son dessein, lui saisit une de ses mains, et la lui serrant affectueusement, le conduisit vers le lit de douleur sur lequel était la malade expirante. « Restez, Monsieur, lui dit-il; soyez le témoin de la naissance du jeune infortuné que la Providence confie à mes soins. Dieu, qui du séjour des anges m'entendez, daignez jeter un regard de miséricorde sur votre coupable créature. Oh! ma fille, si tu dois payer de ta vie la faute de ton inexpérience, emporte avec toi les bénédictions de ton vieux père; anathème sur ton lâche séducteur; que les angoisses qui déchirent mon cœur paternel soient des faits accusateurs, lorsqu'au jour du jugement dernier il comparaîtra devant l'Être-Suprême. » Ces dernières paroles portèrent au cœur de la malheureuse amante une violente secousse et la tirèrent de son assoupissement. Elle ouvre les yeux, et tendant à son père une débile main, elle semble lui demander le pardon de celui qu'il voue à la vengeance céleste. Tous les cœurs sont émus; ils s'ouvrent à l'espérance. Les soins de la sage-femme sont insuffisans, les secours de l'art peuvent la sauver; mais on manque de médecins, l'officier offre d'aller en chercher un; et, pour ne point tromper l'attente de ses compagnons, il instruit secrètement l'un de ses amis de l'événement dont il venait d'être le témoin, et le prie, au nom de Belmonti, de le remplacer auprès des magistrats.

On ne tarda pas à connaître dans l'endroit la cause du refus de Belmonti envers les gardes nationaux; chacun parla à sa guise de la naissance de l'enfant d'Isabelle; les jeunes filles sentirent gonfler leur cœur; tout en la blâmant, elles songeaient aux plaisirs que procure l'amour; mais les remords qui s'ensuivent les effraient :

il n'y eut que l'officier, homme-sage et éclairé, qui porta à la famille désolée les consolations que sa délicatesse lui dictait.

Deux jours après, sur la route qui conduit de Neufchâtel à Aumale, un élégant landau, traîné par deux superbes bais-bruns, brûlait le pavé et se dirigeait sur cette petite ville. Arrivée en face du presbytère, la voiture s'arrête, la portière s'ouvre : une jeune dame au port noble, accompagnée d'une femme-de-chambre, en descend ; sa physionomie riante exprime la douceur. Légère comme le zéphyr, elle presse le pas et arrive bientôt dans l'enceinte de la pieuse demeure, où elle ne tarde pas à recevoir les embrassemens d'un frère. Après les premiers momens consacrés au bonheur de se revoir, la jeune dame, dont le plaisir de voir son frère n'était pas le seul but, lui témoigna l'envie de visiter le jardin du presbytère ; il s'empresse de satisfaire son désir ; là, elle l'engage à s'asseoir sur un banc de verdure que la main de la nature a formé, et lui expose l'objet de sa démarche. La jeune inconnue s'exprimait avec cette chaleur que donne l'assurance du succès. Le silence de son frère la tient en suspens; elle attend une réponse, ses yeux la sollicitent; ce dernier est vivement ému; c'est la première fois qu'il se voit forcé de refuser à une sœur qu'il aime; mais l'humanité lui en fait un devoir. « Non, ma sœur; non, lui dit-il, pas aujourd'hui.... — Y songez-vous? repartit la jeune dame étonnée; vous n'ignorez pas combien me peine le retard que vous y apportez; vous savez que c'est par votre ministère que je désire que mon Alphonse reçoive les premiers bienfaits de notre sainte religion. Quand je pense que Dieu peut, à chaque instant, l'appeler à lui, combien je serais coupable ! » Après avoir réfléchi un instant, le pasteur se rapproche de sa sœur, l'embrasse et lui répète : « Non, ma sœur; non, pas aujourd'hui. Dieu, qui vous a fait la grâce d'être mère, qui vous a donné les forces d'en supporter toutes les souffrances, et qui, depuis environ un mois, prête à votre fils des jours que rien n'altère, vous le conservera;

louons-le, ma sœur : non loin d'ici est une malheureuse mère prête à descendre dans la tombe; cette infortunée réclame les soins que la Providence m'a confiés. Une famille, que l'adversité frappe dans une seule personne, a besoin de mon appui; mon devoir m'impose l'obligation de soulager le malheur. Homme pervers, qui triomphez de l'innocence et abandonnez votre sang, tremblez; il est un Dieu rémunérateur; tremblez, l'homme vertueux vous juge. — Que dites-vous, mon frère?... — Silence.... voici venir la sœur de la mère délaissée..... Approchez, Maria; ne craignez rien, mon enfant. Comment va votre sœur Isabelle? — Très mal, monsieur le Curé, répondit la villageoise les yeux mouillés de larmes; mon père ne fait que se lamenter; nous craignons tous pour sa santé. — Il ne faut jamais douter de la Providence, ma fille; dites au vertueux Belmonti.... — Qu'entends-je? mon frère! Quel nom venez-vous de prononcer? Il se pourrait....! Belmonti malheureux! — Il n'est que trop vrai, ma sœur. — Monsieur le Curé, reprit la villageoise, je désirerais vous parler en particulier. » Et la pauvre fille rougit, intimidée par la présence de l'étrangère, devant qui elle n'osait s'expliquer. Le bon prêtre la rassura, et lui dit qu'elle pouvait parler sans crainte ; la timide Maria lui demanda alors à quelle heure de la journée elle pourrait présenter à l'église l'enfant d'Isabelle: « Tout est disposé, ajouta-t-elle en versant de nouvelles larmes ; nous avons essuyé en secret le refus de plusieurs de mes compagnes, qui ont dédaigné d'accomplir cette œuvre de chrétienté : si ma sœur en était instruite, elle en mourrait de chagrin ; c'est donc moi qui en serai la marraine avec M. Lami, qui ne cesse de s'intéresser à notre déplorable situation. » (Or, le monsieur qui devait servir de parrain à l'enfant, était le généreux garde national dont il a déjà été parlé.) Le pasteur dit à Maria qu'il allait se rendre auprès de la malade et fixer l'heure de la cérémonie : la jeune fille partit.

La sœur du pasteur, que cette scène avait attendrie, qui nourrissait un projet en elle-même, et dont le cœur excellent était toujours prêt à s'ouvrir à tous les malheureux, qui, de plus, avait autrefois été liée d'amitié avec la famille Belmonti, pria son frère de lui faire renouveler connaissance avec ce digne homme. « N'êtes-vous point courroucé, lui dit-elle, contre le préjugé de naissance et ceux qui se font une loi de l'observer ? Quoi ! faire supporter à un faible enfant la faute dont il n'est pas coupable ! C'en est trop, mon cœur se soulève à de pareilles indignités ; hâtons-nous de partir, je n'insiste plus pour que vous vous rendiez à mes désirs ; portez à ces infortunés les secours qui sont en votre pouvoir, trop heureuse moi-même si je puis leur être de quelqu'utilité. »

Ils ne tardèrent pas à arriver chez Belmonti, qui reçut avec empressement la sœur du pasteur, qu'il n'avait pas revue depuis son mariage, et fut pénétré de reconnaissance pour le motif qui l'amenait. « Eh ! quoi, Madame, vous aussi daignez vous intéresser à nous ; que de remercînrens ne vous dois-je pas. Ma fille, dit-il en appelant Maria, cours prévenir M. Lami que nous n'attendons plus que lui pour nous rendre à l'église. » Le pasteur passa dans la chambre de la malade, et lui annonça que sa sœur, arrivant de Neufchâtel, désirait être la marraine de son fils. « Tranquillisez-vous, mon enfant, lui disait ce bon prêtre; ayez confiance en la divine Providence, elle ne vous abandonnera pas. Pour quelque temps, à la vérité, votre enfant sera privé de vos caresses maternelles; car, dans l'état où vous vous trouvez, vous ne pouvez vous-même prodiguer à cette innocente créature les soins qu'exigent ses membres délicats; ce serait au-dessus de vos forces. Veuillez donc nous le confier; ma sœur, d'accord avec votre père, ont tout prévu. Une femme robuste et d'une excellente santé, qui nourrit son Alphonse, s'empressera de prodiguer à votre enfant les soins les plus assidus, et le nourrira de son lait. » Isabelle pousse un profond soupir, et, trop faible encore pour remercier le pasteur de tant de bontés, ses yeux lui en expriment sa reconnaissance.

L'officier de la garde nationale fut très surpris de trouver Mme B.... chez Belmonti; après les complimens d'usage entre connaissances, il la remercia de ce qu'elle voulait bien, de concert avec lui, tenir le nouveau-né sur les fonts de baptême. On se rendit à l'église, où l'enfant reçut le nom d'Edouard, nom que portait son parrain.

Les droits de la nature rendirent à Isabelle les forces que sa cruelle maladie avait épuisées. Une longue convalescence la ramena peu à peu à la santé; son Edouard faisait sa consolation, heureuse de le presser sur son cœur et de diriger ses premiers pas; elle se rendait souvent à Neufchâtel, où les bontés de la jeune dame contribuèrent à son entier rétablissement.

Mais quelle est cette dame, me direz-vous? Patience, Lecteur, je vais vous la faire connaître. Cette dame, venue des environs de Neufchâtel pour voir son frère, et qui comptait, en sa qualité de parente, le ramener tout de suite chez elle pour baptiser son fils ; cette dame, marraine de l'enfant d'Isabelle ; cette dame, qui, le jour suivant, eut la douce satisfaction de voir son frère se rendre à ses désirs et baptiser son fils ; cette dame, cher Lecteur, était ma mère, et le jeune Alphonse, tout petit qu'il était alors, et encore entaché du péché originel, est le même qui, aujourd'hui, poussé par une inspiration téméraire sans doute, offre et soumet à votre sagacité ses premiers débuts littéraires. Heureux s'il trouve en ce jour, près de vous, le même appui que trouva naguère le jeune Edouard près de sa bienveillante marraine. Bien plus heureux encore si, à l'exemple de Ferdinand, vous ne l'abandonnez pas (comme fit ce dernier de sa malheureuse amante) au moment où ses pas chancelans ont besoin de votre puissant soutien, et si vous daignez lui accorder l'indulgence que réclament ses faibles talens.

III.

Enfance. — Vocation. — Départ pour Paris. — Séjour en cette ville. — Visite nocturne. — Bal.

Heureux âge! combien j'aime à me retracer les souvenirs que ton paisible cours a gravés dans mon âme. Qu'ils fuient avec rapidité les beaux jours de l'enfance! Pourquoi ne pas goûter encore leur douce félicité dans l'âge mûr! Non, l'homme ne peut être parfaitement heureux quand il devient raisonnable.

Les jeux qui charmaient ma naissante imagination, ont perdu leur riant tableau en devenant homme; combien de fois, Edouard et moi, nous livrant à nos folâtres exercices, oubliâmes-nous l'heure du dîner pour une futilité qui charma nos instans, et qui, aujourd'hui, ne saurait attirer nos regards.

Je vins au monde avec un penchant enclin à la douceur, conciliant; un cœur bon, et trop généreux peut-être, me caractérisa dès mon bas-âge. L'injustice me révolte, même quand elle ne m'est point personnelle. On pourrait accuser ma modestie des louanges que je me donne, je dis l'exacte vérité, et l'on verra par la suite que je ne suis point exempt des reproches qui ternissent l'éclat de mes premières qualités.

Je ne puis encore me rendre compte de l'idée que je conçus de me faire militaire dès mon plus tendre jeune âge, idée qui s'est accrue en grandissant, et qui m'a empêché par la suite d'embrasser toute autre carrière; ce qui fortifiait en moi ce goût, était l'inclination décidée d'Edouard pour cette même vocation. Il nous arrivait souvent que, faisant allusion aux prouesses des anciens chevaliers, nous parcourions plusieurs milles pour vaincre des ennemis qui n'existaient que dans notre bouillante imagination. Parfois ma vanité se trouvait blessée de la supériorité qu'Edouard exerçait sur moi, et quoique ne voulant pas toujours lui obéir, je cédais cependant, car son caractère, naturellement impérieux, se serait porté jusqu'à la violence.

J'avançais en âge, il fallait pourtant me prononcer pour un état quelconque; excepté l'état militaire, j'avais à choisir. Mes parens désiraient me faire prêtre; mais mes inclinations ne m'y portaient pas. Ma mère, qui m'affectionnait beaucoup, ne voulant pas me contrarier, laissa mon choix entièrement libre, et je finis par ne rien faire du tout. J'avais alors quinze ans, je sortis du collége. Edouard fut contraint par ses parens de quitter Aumale pour se rendre à Montpellier, afin d'y étudier la médecine. Cette perte me fut sensible et me laissa un vide total dans le monde. J'avais entendu si souvent parler de Paris, que pouvant me procurer quelques lettres de recommandation, je résolus inopinément de m'y rendre. Après avoir obtenu le plein assentiment de ma famille, je partis le 25 juin 1826.

Si c'est un plaisir de voyager, ce n'en est pas toujours un pour ceux qui voyagent en diligence ; j'en ressentis l'effet, surtout par l'incommodité de la place que j'occupais dans la voiture. J'arrivai sans accident à Paris ; je remis mes lettres à M. le baron de P.... ; je le trouvai disposé à m'obliger ; il me prit en affection et m'employa dans son bureau ; j'eus sa confiance, et j'ose dire que je la méritais. Ma timidité naturelle me mit plusieurs fois en défaut, et par-là je m'attirai la disgrâce de Mme la baronne de P....; ce n'est cependant pas ma faute. En vérité, les dames de Paris ont de tels caprices, qu'il ne faut pas être novice pour vivre auprès d'elles ; je n'en continuai pas moins de jouir des faveurs de mon patron comme par le passé, mais je ne fus pas aussi souvent admis en présence de Mme la Baronne. La douceur de mon caractère et l'empressement que je mis à me rendre agréable auprès des dames que j'eus l'honneur de voir chez M. de P...., me valurent les bonnes grâces de Mme la comtesse d'A.....

Le comte d'A.... commandait alors un corps d'armée en Morée ; la comtesse, jeune et belle, commandait à Paris à une foule de jeunes gens, admirateurs de ses charmes, et forçait chacun d'eux à lui rendre hommage ; sa coquetterie s'en riait en secret. Vive, légère, elle aimait la galanterie, et n'accordait de préférence à personne. Par quelle bizarrerie cette femme charmante a-t-elle tourné ses regards vers moi, et par quelle sotte balourdise n'ai-je pas su profiter d'un tel avantage. Une fausse délicatesse sans doute, une retenue qui n'a pas le sens commun ;

enfin l'homme le plus stupide n'aurait pas agi comme je l'ai fait en pareille circonstance. Dites-moi, homme vertueux, si une jeune dame, jolie, et, qui plus est, comtesse, vous laissait entrevoir quelques momens de bonheur, n'en profiteriez-vous pas autrement que moi? Oui, sans doute. Je cite ce fait à ma honte, et non pour qu'il trouve des imitateurs.

Le séjour de Paris me plaisait assez; peu à peu je me développai, mes sens voulurent bientôt goûter des jouissances qui jusqu'alors m'étaient inconnues. J'étais encore timide, et n'osais avouer la flamme qui me consumait intérieurement; je souffrais en silence, et cherchais en moi-même un être qui répondît à mon amour. Je devins mélancolique, ma situation était insupportable; je me trouvais isolé au sein du bruyant tumulte de l'hôtel du baron; enfin le désir qui me poignait sans cesse, devait, en livrant mon cœur à la volupté, trouver sa satisfaction dans le sanctuaire du bonheur.

Il est rare qu'une semblable agitation de l'âme

échappe à la pénétration des personnes, et surtout à celle des femmes, avec lesquelles nous avons quelque intimité. Malgré les efforts que je fis pour dérober ma pénible position, l'état de mon cœur ne tarda pas à être connu; la baronne fut la première qui s'en aperçut; mais trop orgueilleuse pour y apporter le remède, elle rit malicieusement de mon embarras. Mme de P.... était sans pitié; elle aurait au moins dû me plaindre. Eh! qui peut deviner ce qui se passait en son cœur; le désir fait naître le désir; sa fierté eût peut-être baissé pavillon devant la pureté de mon amour, si j'eusse été plus entreprenant. Cependant j'étais piqué du dédain qu'elle avait pour moi, bien qu'elle ne me le témoignât jamais dans mes attributions; mais dès que je saisissais l'occasion de lui être agréable, la froideur avec laquelle elle recevait mes attentions, me prouvait combien elle y était peu sensible. Au surplus, cela m'était à-peu-près indifférent; je n'ai jamais pensé que le trait qui blessa mon cœur, dût émousser le sien. La femme à laquelle je dois les premières jouissances de l'amour, est encore pour moi sous le voile du mystère.

Mes occupations n'étant pas réglées, il m'arrivait souvent de passer une partie de la nuit à expédier à l'ambassadeur portugais, dont M. de P.... était le chargé d'affaires, les dépêches qu'il devait faire parvenir à son gouvernement. Un jour que des affaires de haute importance m'avaient retenu fort avant dans la nuit, les ayant terminées, je me disposais à goûter un sommeil réparateur que réclamaient mes yeux harassés de fatigue. A peine les doux pavots de Morphée m'eurent-ils absorbé par des songes agréables, que je sentis une main incertaine parcourir tout mon être; je me réveille en sursaut; je ris de ma méprise; je l'attribue à l'agitation de mon âme. Non, ce n'est point un songe; je veux parler, des lèvres brûlantes pressent les miennes et m'imposent silence; plus de doute, une femme, un ange, s'est introduit mystérieusement dans ma chambre; ses charmes divins sont cachés à mes regards, mais ma main indiscrète peut en parcourir les contours enchanteurs; je l'attire doucement à moi, elle cède..... Je ne puis encore croire à tout mon bonheur..... la pudeur tire le rideau, et la volupté me laisse savourer ses délices. O toi, qui portas en mon cœur le feu sacré de l'amour, et l'initias à ses doux mystères, reçois le tribut de ma reconnaissance; qu'un souvenir agréable te retrace encore ton jeune amant au moment où, nous tenant étroitement embrassés, ton âme se confondait avec la sienne et se desséchait au feu de ses baisers. Amour, qui charmes notre existence et fais le bonheur de la vie, ah! pourquoi tes jouissances ne sont-elles qu'éphémères!

De ma vie je n'ai passé une aussi délicieuse nuit; c'est en vain que j'interroge celle qui me la procure, elle ne me répond que par de nouvelles caresses; mais bientôt mes forces s'épuisent. Ivre d'amour, dans l'abandon le plus voluptueux, ma tête cherche un appui sur le sein de mon aimable inconnue, et je m'endors profondément. Mais quelle est ma surprise, lorsqu'à mon réveil je me trouve seul en mon lit avec mes souvenirs; je me crois le jouet d'un rêve; je me fais mille questions; mon imagination me retrace le séduisant tableau de mes plaisirs; elle me rappelle le moment où, épuisé, je retrouvai, dans les bras de cet être mystérieux, le repos que demandaient mes sens affaiblis. Je me lève à la hâte, le désordre qui règne dans ma chambre confirme mon bonheur; mes regards se portent sur tout ce qui forme mon ameublement; je veux douter encore : tout-à-coup j'aperçois un papier suspendu au ruban de ma montre; je m'en saisis avec avidité, je l'ouvre avec empressement; ma main tremble, on croirait que je vais commettre une mauvaise action; mes yeux restent fixés sur ces caractères enchanteurs; enfin je reviens de mon trouble, et je lis : « Une » personne qui vous aime, et que son amour a » rendue inconséquente et coupable en se li- » vrant à vous, ose compter sur votre discré- » tion; si l'impression qu'elle a faite sur votre » cœur vous invite à la revoir, rendez-vous ce

» soir au bal de l'Odéon, elle vous y attend.
» Prudence et discrétion! »

Ce peu de mots acheva de me tourner la tête, et ne fit qu'accroître l'intention que j'avais déjà de connaître celle à laquelle j'étais redevable de si doux momens. Que j'avais appris de choses en une seule nuit! Je n'étais plus le même homme; la satisfaction, peinte sur tous mes traits, annonce la douce quiétude dont jouissait mon âme; je descends à la hâte et me rends au cabinet de M. de P....; j'y travaille deux heures; je remonte à ma chambre, je m'y enferme, je baise mille fois le billet qu'une main chérie a tracé; dans mon impatience j'accuse le temps de lenteur, en réfléchissant au plaisir qui m'attend pour la soirée.

Quelques jours après mon arrivée à Paris, je me liai d'amitié avec plusieurs jeunes gens que recevait M. de P...., mais plus particulièrement avec MM. Jules C.... et Louis de L.... Le bon ton, les manières, la galanterie, en les rendant agréables au sexe, les faisaient parfois redouter des maris. Jules payait souvent de frivolité la flamme la plus pure, et se riait des pleurs qu'il faisait répandre, ce qui n'empêchait pas M. Jules d'être homme à bonnes fortunes, chéri, estimé, recherché par le beau sexe. Louis n'est peut-être pas aussi léger, mais s'il trompe moins souvent, les regrets qu'il donne n'en sont que plus vifs, et les souvenirs qu'il laisse plus cuisans. Pour peu que nos caractères sympathisent, on est bientôt amis ; plus d'une fois Jules m'avait raconté ses nombreuses conquêtes, les différens duels qu'il avait eus avec des maris qui se croyaient offensés, parce que leurs fidèles moitiés avaient cédé à sa persuasive éloquence. D'un autre côté, Louis me faisait entrevoir l'agrément de la société, avec ce brillant éclat qui éblouit et fascine les yeux ; il ne manquait pas d'y ajouter quelques aventures amoureuses, où toujours il remplissait un rôle principal, et dont le dénoûment le comblait de faveurs. Qu'avais-je à leur raconter, moi, jeune, sans expérience, et pour ainsi dire sortant de mon village, où, pour toutes conquêtes, je n'ai remporté que quelques prix dans un collége secondaire? Certes cela n'était ni de saison, ni amusant à entendre par de jeunes élégans qui cherchaient le plaisir au sein de la bonne compagnie. En ami confiant, je leur fis part de l'aventure nocturne qui m'était arrivée, et je les priai de m'accompagner au bal, où je devais retrouver mon enchanteresse.

« C'est excellent, s'écria Jules, le tour n'est pas maladroit. Comment, une femme s'introduit la nuit dans ta chambre, tu..... et tu ignores son nom! ce n'est pas possible..... — C'est incroyable, ajouta Louis; je ne vois pas.... à moins que ce ne soit la baronne. — Y penses-tu, lui répondis-je en l'interrompant; tu oublies jusqu'à quel point elle me hait. — Précisément, mon cher, c'est pour mieux cacher son jeu; tu ne connais pas encore les femmes, tu es loin de t'imaginer les ruses qu'elles emploient pour parvenir à leur but. N'importe qui que ce soit, c'est charmant; un rendez-vous, du mystère, j'aime cela, ça m'intrigue, et si ce n'est pas la baronne..... — Assurément non, ce n'est pas elle; il ne faut pas ainsi douter de la foi conjugale. » Jules et Louis partirent d'un grand éclat de rire, et ne semblèrent point confirmer la vérité de mes dernières paroles. « Allons dîner, » me dirent-ils. Nous nous rendîmes galerie Vivienne, où, après être convenus ensemble de l'heure à laquelle on se réunirait pour le bal, je les quittai et allai tout disposer pour ma toilette.

Enfin l'heure a sonné ; je me rends en toute hâte au café Molière, où mes amis ne tardent point à me joindre, et nous nous dirigeons vers l'Odéon. Là, un essaim de jeunes nymphes, réunissant toutes les grâces de la beauté et les nuances de la mode, se promènent et parcourent la salle en tout sens; plusieurs d'entr'elles sont accompagnées ou suivies par de jeunes élégans, qui s'efforcent à paraître aimables, et débitent, selon l'usage, tout ce que la galanterie invente pour flatter l'amour-propre et triompher de la résistance. Bientôt une musique harmonieuse se fait entendre, les quadrilles se forment, chacun y prend place et la danse commence. « Je veux que le diable m'emporte, me dit Jules, si tu retrouves ton inconnue parmi toute cette cohue. Je vous quitte un instant; je viens, à la prière du vicomte de T...., d'engager ce charmant *domino* pour la première contre-danse; probablement que le vicomte en est las, et, entre amis, on doit se rendre mutuellement service. » En ce moment le vicomte de T...., revêtu d'un riche et brillant costume grec, vint à nous; il nous salua cordialement, parla bas à Jules, et ils nous quittèrent.

Louis me fit observer que nous aurions dû nous déguiser. « Aperçois-tu, me dit-il, ce petit arlequin qui fait jouer sa latte avec une dextérité infinie, et qui, depuis un moment, tourne et vient sans cesse près de nous; je suis sûr qu'il y a une figure femelle là-dessous.

— Tu crois.... — J'en ferais le pari. » Et au même instant le leste arlequin franchit le peu de distance dont nous en étions séparés, et m'applique vigoureusement sur l'épaule un coup de sa latte, et disparaît dans la foule.

« J'en étais certain, me dit Louis; dirigeons-nous de ce côté, tâchons de rejoindre Jules; nous pourrons facilement nous procurer ici plusieurs costumes; la discrète dame sera bien adroite, si nous ne parvenons à la découvrir. » Nous fîmes quelques pas dans la salle, et bientôt nous aperçûmes Jules, accompagné d'un monsieur avec lequel il paraissait s'entretenir vivement. L'étranger s'exprime avec colère; Jules paraît indigné; je cours à lui, et lui demande le sujet de cette altercation. « Rien, mon cher, rien; un mari susceptible, une futilité.... A demain, Monsieur, continua-t-il en s'adressant à l'étranger. — A demain, dix heures du matin, à la porte Maillot, répond celui-ci; » et il s'éloigne.

« Je n'en reviens pas, ces maris sont d'une susceptibilité qui n'a pas le sens commun; et quoi, ils ne seront donc jamais convaincus des grandes vérités que renferme la *Physiologie du Mariage,* ouvrage qui devrait les pénétrer, les prévenir d'avance de ce qu'il leur advient en prenant une femme.... Mais celui-ci a le plus grand tort, puisque ce n'était point à sa dame que je voulais m'adresser; je ne vois pas d'ailleurs de quoi il se mêle. Certainement j'irai le trouver; je veux lui prouver que Jules C.... a des principes; puis la *Physiologie du Mariage* prouve aussi clairement que l'algèbre démontre que 2 et 2 font 4, que sur cinq cents maris, il en est au moins quatre cent quatre-vingt-quinze qui sont ce que l'auteur appelle minotaurisés; que, sur les cinq qu'il extrait, il en est quatre dont les chastes épouses sont laides et n'inspirent que le dégoût; ce qui ne veut pas dire que ces dernières ont de meilleures intentions. Enfin, sur les cinq cents, il nous en reste une que nous admettons *sage,* parce que son époux, homme rare, et d'une intelligence extraordinaire, conçut l'excellente idée de faire construire tout exprès un appartement où rien n'échappe à son œil vigilant; et encore, s'il faut en croire la *Physiologie*... tout cela est prouvé. » Et M. Jules s'échauffait la bile en nous citant tels articles de certains auteurs, qui avancent que le bonheur conjugal est toujours compromis, pour le peu qu'un mari s'avise d'être jaloux, qu'il le soit, ou seulement qu'il en ait l'intention.

Après ces judicieuses réflexions, je l'informai de ce qui m'était arrivé et du projet que nous avions formé, Louis et moi, et d'aller ensuite prendre un costume. « Approuvé, nous dit-il; ne perdons pas inutilement le temps; je veux qu'Alphonse sache ce soir.... Où es-tu donc? » Il se retourne et m'aperçoit avec l'adroit arlequin, qui, tout en faisant sauter sa latte et en déguisant sa voix, m'invite, avec une politesse à laquelle on ne résiste jamais, à le suivre dans une loge où l'entretien suivant a lieu.

« Alphonse, qu'avez-vous dû penser de la conduite que j'ai tenue hier avec vous? bien légère, n'est-ce pas? — Je la trouve toute naturelle, Madame; nous nous aimions; je fus assez sot pour ne point oser vous faire l'aveu de mon amour; votre cœur a prévenu des désirs que je brûlais de réaliser; c'est à moi à réparer, par un secret inviolable, le sacrifice que vous fîtes hier en ma faveur. — Je ne vous comprends pas, Alphonse; vous m'aimiez, dites-vous; cela est impossible, la ruse devient inutile, j'ose même espérer que vous ne l'emploierez plus à l'avenir. La preuve que je vous ai donnée de mon amour ne doit-elle pas m'assurer le vôtre? » Il se fit un moment de silence, et je m'aperçus qu'en feignant de la reconnaître, mon adorable inconnue n'avait pas pris le change, convaincue que j'empruntais au hasard l'assurance avec laquelle je lui parlais. Je lui avouai alors, qu'à la vérité je ne savais à qui attribuer l'heureux événement de la nuit précédente; mais qu'en me rendant en ces lieux, j'espérais faire cesser mon doute, et jouir du double plaisir de la connaître et de contempler ses charmes. « Vous ne serez point assez cruelle, ajoutai-je en saisissant une de ses belles mains, pour me taire votre nom, et ne pas dévoiler à mes regards cette même bouche qui, hier, dans son amoureux délire, se promena voluptueusement sur mes lèvres, et enivra mes sens du doux parfum de son haleine. Oui, mon aimable amie, l'heureux Alphonse connaîtra celle qui lui a procuré tant de délices; rien ne lui coûtera pour toujours s'en rendre digne; souffrez que j'ôte moi-même... — Non, Alphonse; non, n'insistez pas davantage; mon repos, le vôtre peut-être, exigent le mystère dont je m'environne; si vous avez quelqu'amitié pour moi, n'essayez pas à le pénétrer : séparons-nous, nous sommes observés. — Parbleu le tour n'est pas mauvais, s'écrie tout-à-coup Louis, qui nous avait suivis et avait entendu notre conversation; pourquoi donc partir si vite, superbe arlequin? » Et avec une adresse étonnante, il coupe la faveur avec laquelle le masque est assujetti; il tombe à nos pieds; mais, à notre grand étonnement, une gaze légère couvre la figure de l'inconnue et nous dérobe ses traits.

Il m'était impossible de souffrir un pareil

outrage, et, bien que je le sache fait à dessein, je n'en adressai pas moins à Louis de violens reproches, et feignis de lui en demander raison pour le lendemain. La dame, outrée, allait se retirer ; je lui offris mon bras, et la conduisis rue de l'Odéon, où une voiture l'attendait, et je fus rejoindre mes amis. « Retournons, nous dit Louis, piqué de ce qu'il n'avait pu parvenir à me faire connaître ma rusée inconnue, le malheur nous poursuit dans cette soirée. »

IV.

Duel. — Aventure galante. — Soirée.

« Une, deux.... fendez-vous à fond; le jarret tendu, la pointe plus basse que le poignet et dirigée sur la poitrine de votre adversaire. C'est cela, je n'ai pas encore tout oublié.... Le pistolet maintenant : suis-je assez effacé?... Je vise à hauteur de ceinture ; le coup part, l'homme est mort.... Eh! bien, Alphonse, as-tu trouvé ce passage..... tome Ier, page 267 ? Quelle frappante vérité ! *toutes les femmes*..... Il ne faut pas trop bourrer.... Lis donc.... Il n'y a pas d'exception, le mot *toutes* y est bien en toutes lettres ; et cet original de M. de Clairefort, qui s'emporte parce que je veux lui prouver mathématiquement que sa chère épouse le minotaurise. Ha! ha! ha! pour cela il n'y a pas de quoi fouetter un chat ; c'est la règle commune. S'il se trouvait le seul dans le même cas, cela pourrait lui être plus sensible ; mais Dieu en sait le nombre.... Puis, de quoi vient-il se mêler ? j'étais tout aussi libre d'offrir mon bras à la petite danseuse, comme madame de Clairefort l'était de refuser le mien : il est vrai que j'ai commis une bévue, et qu'à la place de Célestine j'ai accosté un peu trop cavalièrement madame de Clairefort. Cette ressemblance de costume en est la seule cause ; l'erreur était pardonnable, mes excuses auraient dû lui suffire ; mais non, il fait du bruit, il me traite en jeune homme, les curieux s'approchent, la foule me montre du doigt ; il me parle de vertu blessée ; je vois que de tout cela il n'y aura que lui ou moi de blessé. »

Tout en parlant ainsi, Jules avait préparé ses armes, donné l'ordre à son domestique de tenir son tilbury prêt, et d'y atteler le meilleur de ses chevaux ; car, quoiqu'il ne connaisse pas M. de Clairefort, il s'attend à le voir paraître en un brillant équipage, et Jules ne veut en rien lui céder. Neuf heures trois quarts sonnent, il fait avancer le léger phaéton, y dépose des fleurets, une paire de pistolets, y monte ; je me place à ses côtés, il s'empare des guides, et nous ne tardons pas à arriver à la porte Maillot, où M. de Clairefort nous attendait déjà. Le monsieur, qui lui servait de second, paraissait avoir au plus une quarantaine d'années ; il m'aborde avec politesse, et me prie, comme n'ayant pas été témoin de la scène de la veille, de vouloir bien lui en donner l'explication. « Elle devient inutile, me dit Jules, qui, pendant ce temps, s'était rapproché de M. de Clairefort, avec lequel il s'entretenait, le sort des armes doit réparer l'offense de celui qui, de nous deux, se croit en droit d'exiger satisfaction. Hier j'aurais pu faire mes excuses à Monsieur, avant qu'il ne m'eût publiquement outragé; en me rendant ici, je n'ai pas l'intention d'offrir ni d'accepter des conditions; nous nous expliquerons après. »

Voyant que tout accommodement devenait impossible par l'obstination de Jules, on proposa le choix des armes, et l'on tomba d'accord sur le pistolet; le sort favorisa M. de Clairefort, en lui accordant l'avantage de tirer le premier. S'approchant alors de mon ami, il lui dit: « Monsieur C...., un léger différend existe entre vous et moi; il blesse à-la-fois l'amour-propre de l'un et de l'autre. Hier, dans un moment de colère irréfléchie, excitée par les mortifiantes plaisanteries d'un public frivole, qui aperçoit du mal en tout, j'ai rejeté la justification que vous me proposâtes; Monsieur S.... a dû dire à votre ami combien j'en étais repentant. En homme d'honneur, j'ai répondu à votre invitation; mais, je le répète, je n'ai point eu l'intention de vous offenser ; si cette excuse ne suffit pas à votre satisfaction, tirez, Monsieur, je vous abandonne la chance que le hasard a mise en mes mains. » Se plaçant alors à la distance convenue, il attend que son adversaire commence.

Je voyais peint sur le visage de Jules le mécontentement qu'avait fait naître cette concession ; mais quoique son plus grand désir eût été de se mesurer avec M. de Clairefort, il avait trop de grandeur d'âme pour ne pas répondre à cette générosité ; il dirige son arme en l'air et le coup part ; ils s'avancent spontanément l'un vers l'autre et se serrent cordialement la main. « Vous m'avez vaincu, monsieur de Clairefort, lui dit Jules ; je reconnais mon erreur, et j'ose espérer que vous ne me refuserez pas votre amitié.

— Vous l'avez déjà, monsieur C....., et mon plus grand plaisir sera de la rendre durable.

— Il vaut cent fois mieux que cela se termine

ainsi, ajouta monsieur S.... Allons déjeuner, Messieurs, le temps n'engage pas à la promenade. » En effet, la pluie commençait à tomber; nous joignîmes l'équipage de M. de Clairefort, et nous allâmes déjeuner.

J'étais content que cette affaire se fût arrangée ainsi; d'abord, parce que la fatalité, qui s'attache aux duels, aurait pu m'enlever un ami; de plus, c'est que je n'ai jamais vu avec plaisir ces sortes de crimes, où un homme plonge avec un sang-froid révoltant le fer dans le cœur de son semblable : tout cela pourquoi? pour une prétendue réparation qui existe dans la raison de chacun, et ne peut approuver le préjugé qui nous force à nous entr'égorger pour obtenir cette prétendue réparation. Bien souvent, au désir de venger une offense, s'y mêle presque toujours un désir présomptueux de bravade, qui nous donne la prétention de nous rendre redoutable à notre adversaire. Il est rare qu'à la suite d'un duel, celui que l'adresse de son vainqueur réduit au silence, ou à convenir de ce que sa conscience désavoue, ne garde pas presque toujours contre son adversaire une impression cachée, et, pour ainsi dire, une espèce de haine qui le porte à se venger, croyant avoir encore des torts à réparer ; donc, en proposant un accommodement, M. de Clairefort agissait en galant homme, il devait des excuses que sa raison offrit ; mais sa raison avait quarante ans, et ne pouvait par conséquent se mettre en contact avec celle d'un étourdi de vingt ans ; néanmoins la générosité, qui n'attend pas le nombre des années, et est de tous les âges chez un homme bien né, suscita à celui-ci les sentimens de conciliation qui terminèrent cette affaire à l'amiable.

Mes premiers pas dans le monde ne s'annonçaient point sous des auspices aussi agréables que me l'avaient fait entrevoir mes jeunes amis ; je n'avais jusqu'alors éprouvé que la jouissance des sens, et non trouvé un cœur ouvert qui reçût les épanchemens du mien. Ces plaisirs muets goûtés au hasard, cet aveu dans une loge, cette personne masquée, inconnue, qui exige de moi un secret dont elle ne m'a pas rendu dépositaire, qui m'avoue son amour en déguisant sa voix, et emploie d'incroyables précautions pour me cacher ses traits ; tout cela jeta dans mon cœur une impression pénible et défavorable. Je me retraçais l'inconséquence, et pour ainsi dire le manque d'égards que mon ami de L.... avait commis, et l'envisageais sous un point de vue horrible ; mais ce qui me consolait, c'est que la personne outragée n'était pas telle que mon imagination brûlante l'avait rêvée. Enfin le duel qui avait eu lieu entre M. de Clairefort et Jules, me faisait faire de tristes réflexions, et me montrait le monde semblable à une mer agitée où chacun de ses membres vient se heurter successivement et se briser à l'écueil des passions. Je regrettais déjà mes jeunes ans, et je n'avais encore atteint que ma vingtième année ; les souvenirs des jeux de mon enfance se déroulaient devant moi toujours gais, toujours variés, et me charmaient encore de leurs puériles tableaux. Je voyais Édouard, imitant l'agilité du chevreuil, gravir une montagne, grimper sur un arbre avec une adresse étonnante pour y dénicher des oiseaux, partager en frères les petits que renfermait le nid, auxquels se rattachaient tous nos soins, et que dans notre innocence nous n'aurions pas échangés pour des biens plus précieux. Le croira qui voudra, vingt fois absorbé par ces riantes pensées, mon âme se dilatait à ces souvenirs illusoires, et goûtait, comme par le passé, le plaisir pur qui jadis l'enivra. Pendant quelque temps je fus ainsi livré à moi-même, repassant dans mon esprit toutes les époques de ma vie jusqu'au moment où un être mystérieux, que je n'ai jamais pu découvrir, se glissa furtivement dans ma chambre.

Un matin l'on me remit deux lettres à-la-fois : l'une était de M. de Clairefort; elle renfermait l'invitation de me rendre à une soirée qu'il donnait le lendemain; il terminait en m'assurant de son estime, et comptait sur mon exactitude. J'en fus charmé. M. de Clairefort était un homme qui du premier abord m'avait convenu ; sa franchise, son amabilité me l'avaient rendu agréable. Je repliai soigneusement sa lettre et la conservai comme une marque de faveur que m'accordait un homme d'un tel mérite. J'ouvris l'autre, elle portait le timbre de Paris; je croyais que Jules ou Louis m'écrivait. Mais, ô surprise! encore la dame inconnue, et toujours le même mystère. Cette fois ce n'est pas un rendez-vous d'amour, ce n'est plus une femme qui m'aime et se rend inconséquente par rapport à moi, mais bien une femme offensée, furieuse, qui m'adresse les reproches les plus sanglans, me traite sans pitié, qui m'oublie et que je ne reverrai jamais; si j'avais été discret, peut-être aurait-on pu se dévoiler à moi : ensuite du mépris à mon égard et envers l'ami qui m'avait si bien servi, pour lequel j'avais voulu, disait-elle, la sacrifier.

Je ne suis pourtant pas insensible aux reproches, je ne sais comment cela se fit, je fus peu touché de ce que renfermait cette lettre; semblable aux ténèbres qui l'environnaient et dans lesquelles il avait pris naissance, le charme qui m'avait séduit avait déjà disparu : il faut à mon cœur, pour le captiver, des jouissances alimentées par une constante amitié ; pour qu'il s'attache à une autre, il faut qu'il y soit bien attiré par la sympathie, précieux bienfait dont nous a dotés la nature en naissant.

Le jour suivant, en me rendant à l'invitation de M. de Clairefort, je passai chez Jules que je pensais être aussi invité ; il l'était en effet. Je lui montrai la lettre anonyme que j'avais reçue ; il n'en fut point étonné, et me fit remarquer que je ne resterais plus long-temps secrétaire de M. de P...... Je lui en demandai la raison. « D'abord, me dit-il, c'est que le baron doit partir incessamment pour Lisbonne, où des négociations diplomatiques réclament sa présence, et qu'ensuite Mme de P..... trouvera le moyen de te congédier. Si j'étais à ta place, je la préviendrais, en témoignant au baron, avant son départ, le désir de revoir ta famille, ou quelque autre prétexte plausible, auquel il ne saurait se refuser. Crois-moi, n'attends pas que la baronne puisse disposer de toi; rien n'est plus à craindre que la vengeance d'une femme. Puisque tu es toujours dans l'intention d'accomplir ton projet favori, en embrassant l'état militaire, voici une belle occasion ; le comte de Clairefort s'empressera de te recommander et de t'être utile auprès de plusieurs officiers supérieurs qui sont de sa connaissance : ce soir, à la partie d'écarté, nous pourrons lui en toucher un mot; c'est un homme très obligeant, qui jouit d'une haute considération, et qui, depuis le peu de temps que je le connais, m'a déjà vingt fois fait des offres de service. Je dois lui présenter aujourd'hui Louis de L...... A propos, t'ai-je raconté sa dernière aventure? c'est à mourir de rire.

— Non; que lui est-il donc arrivé?

— Tu te rappelles qu'en sortant de l'Odéon il nous quitta vers le milieu de la rue Dauphine; entra, et pour cause, dans un superbe hôtel, et fut, comme par habitude, porter des consolations à une petite femme bien désolée, bien langoureuse, bien chagrine, de ce que son mari, colonel d'un régiment, a la cruauté de la laisser dans le vide d'un complet veuvage ; tout cela pour obtenir de l'avancement, et dans l'intention d'acquérir de la renommée.

» Les femmes n'entendent rien à ces froids calculs, surtout celle du colonel, que la nature a douée de deux jolis yeux, vive, jeune, belle, une tournure agaçante, et qui, par-dessus tout, possède un tempérament de feu ; d'ailleurs tu dois là-dessus t'en rapporter à Louis, qui est d'un goût recherché pour le beau sexe. Il entre, est le bien-venu, soupe, puis partage la couche de sa belle, encore par habitude ; enfin il lui prodigue des consolations, toujours par habitude. Soit dit entre nous (afin de ne pas blesser le beau sexe), les femmes, en général, aiment à ce qu'on multiplie, renouvelle et varie sans cesse la volupté qu'on leur fait goûter. Ce qui fait que bien des épouses, au bout de six mois de mariage (terme moyen), sont déjà lasses, blasées sur les plaisirs monotones et habituels que leur procurent leurs bénins maris. Mais venons au fait : épuisé par les consolations qu'il avait apportées à la jeune veuve, Louis avait fini par s'endormir sur le sein palpitant de son Augustine. Vers le milieu de la nuit on frappe à l'hôtel ; le vieux concierge, qui croit que le feu s'est manifesté en quelqu'endroit, se lève précipitamment et fait retentir la maison de ses exclamations. Cependant, n'apercevant aucun indice d'incendie, et entendant frapper à coups redoublés, il ouvre la porte-cochère qui roule sur ses gonds, une chaise de poste entre dans la cour avec fracas ; un vieux monsieur, en habit de général, décoré de plusieurs ordres, en descend ; c'était notre colonel, que l'on n'attendait guère, et qui, passé maréchal-de-camp, venait apprendre cette grande nouvelle à sa chère moitié.

» Les amans reposaient donc dans un doux et voluptueux sommeil, au moment où la chaise de poste entra dans la cour de l'hôtel, et auraient été surpris *flagrante delicto*, sans l'intelligence de Nanette, femme-de-chambre d'Augustine, qui, par une adroite précaution, était couchée dans un appartement voisin de celui de sa maîtresse. La voix grêle du général la réveille, elle se lève précipitamment et court prévenir Augustine, qui, pâle et tremblante de l'arrivée imprévue de son mari, était plus morte que vive. Tu conçois l'embarras de ce pauvre Louis; il fallait fuir, se cacher; mais où? Ah! qu'une alcôve ou un escalier dérobé lui eût servi en ce moment critique! mais par malheur l'architecte chargé de la construction de cet hôtel, n'avait pas prévu cette circonstance. Dans le trouble qui l'agite, il n'a pas même songé à se vêtir; il n'a pas de temps à perdre, les momens sont précieux, le général monte l'escalier; la prudente Nanette vole à sa rencontre, le félicite de son retour, l'assure du plaisir que Madame aura de le revoir si tôt, et le retarde, par ses complimens, le plus qu'il lui est possible, afin de faciliter la fuite de notre ami. Une dernière lueur d'espérance vient tout-à-coup l'éclairer.... Ah! la cheminée..... il n'a pas de meilleur choix, il s'y blottit ; quelqu'un entra, c'était le général ; Augustine jeta un cri. Pauvre petite femme ! »

Jules en était là de son récit, lorsque quelqu'un agita avec violence la sonnette de la porte d'entrée. « Oh ! il ne faut pas demander qui c'est, » me dit-il. Au même instant Louis entra en fredonnant un air de Rossini, et nous souhaita le bonjour.

« Ce cher Louis, lui dis-je en lui serrant la main, comment, tu en es échappé ! A merveille, mon ami. Jules me racontait ta dernière aventure lorsque tu nous as interrompus. J'espère que tu voudras bien achever.

— Volontiers, » me dit-il, et il continua ainsi :

« La bonne Nanette, dont la présence d'esprit est admirable, en un clin-d'œil fit disparaître mes habits, qui auraient pu déposer contre sa maîtresse. Le général attribua le trouble d'Augustine à la surprise et au plaisir que sa présence inattendue lui procurait. J'attendais avec une vive impatience, dans l'étroite cheminée où je m'étais glissé, et où je grelottais déjà, qu'Augustine congédiât son cher époux, ainsi qu'elle me l'avait fait espérer; mais mon mauvais génie avait, je crois, ce jour-là juré ma perte et en avait décidé autrement. Depuis une demi-heure j'étais dans cette pénible position, attendant toujours, mais en vain, que le général s'éloignât, ou que l'intention lui prît de me remplacer dans l'heureux sanctuaire où, peu de temps avant, j'avais savouré de si douces jouissances; dans ce dernier cas, je me promettais bien de profiter de l'obscurité et de son repos pour m'échapper furtivement, persuadé que Nanette serait aux écoutes pour prévenir mes moindres intentions et faciliter mon évasion. Mais le général qui venait, disait-il, de parcourir je ne sais combien de lieues, cahoté dans une chaise de poste, manifesta, le croiriez-vous, le besoin de réparer le délabrement de son estomac, et prolongea par-là mon supplice. Augustine ordonna aussitôt que l'on préparât le repas de son époux, témoigna l'envie de se lever et de l'accompagner elle-même à la salle à manger. Déjà je respirais, lorsque le général, qui, je crois, était inspiré par quelque esprit malin, voulut qu'on le servît dans l'appartement de Madame, ne voulant pas aggraver l'indisposition de sa femme, que la rusée Nanette lui avait dit être atteinte de la migraine. « Nicolas, dit-il à l'un des laquais qui dressaient le couvert, allumez le feu dans cette chambre, je soupe ici. » A ces mots je fis un mouvement qui faillit me faire tomber; heureusement la voix d'Augustine me rassura bientôt. « Mon bon ami, lui dit-elle, cette cheminée est tellement incommode, que toutes les fois qu'on y fait du feu, l'appartement est rempli de fumée; veuillez, je vous prie.....

— Il suffit, mon ange. » Puis il se rapproche du lit et lui donne un baiser que j'entendis très distinctement. Rassuré par ces paroles consolatrices, j'attendis patiemment que le vorace appétit du général fût entièrement satisfait, pour me procurer un plus heureux dénoûment. Enfin j'entends Nicolas qui s'empresse d'enlever le couvert, et qui s'entretient avec la soubrette dans l'antichambre ; le silence règne bientôt dans l'appartement, qui n'est plus éclairé que par une faible veilleuse, et le général, harassé de fatigue, ne tarde pas à céder à un sommeil bienfaisant. Vous devez bien penser que je ne perdis pas un temps aussi précieux ; avec précaution je descends de la cheminée, je jette un regard sur le lit, où j'aperçois Augustine qui me fait un léger signe de tête, auquel je prends à peine le temps de répondre ; puis, marchant sur la pointe des pieds, je sors de l'appartement, et je trouve dans la pièce voisine la gentille suivante, qui me conduit à sa chambre et me présente mes habits. « Ma pauvre Nanette, je respire maintenant.

—Vraiment, Monsieur, vous respirez. Comme vous voilà fait ! » Et l'aimable fille passait sa blanche main dans mes cheveux pour en faire tomber la suie dont ils étaient couverts. Sensible à tant d'attention, je la pressai doucement dans mes bras, et lui dis en l'embrassant, qu'il m'était impossible de quitter l'hôtel à cette heure, sans être de nouveau inquiété. Cette réflexion fit rougir la pauvre enfant; je n'avais cependant pas d'autre intention que d'attendre le jour chez elle; mais comment passer le reste d'une mauvaise nuit chez une femme qui n'est pas indifférente, et qui vous donne mille preuves d'intérêt; on ne peut, dis-je, la passer assis dans un fauteuil, ni souffrir que de son lit elle en retire un matelas pour vous éberger. Nanette m'avait déjà fait toutes ces offres en baissant timidement les yeux, en ajoutant qu'elle allumerait du feu pour que je n'eusse pas froid. Je lui fis observer que ses précautions étaient inutiles, et comme je l'avais assise sur mes genoux, je l'embrassai de nouveau, puis, la pressant dans mes bras, je la déposai sur son lit, où, malgré sa résistance, je me plaçai à ses côtés et ne tardai pas à ronfler aussi fort que le général....

— Eh! quoi, Louis, tu ronflais auprès de

Nanette ; à ta place j'eusse été plus reconnaissant.

— Ce ne fut qu'après lui en avoir plusieurs fois donné la preuve que je m'endormis. Le jour commençait à paraître lorsque j'ouvris les yeux; j'admirais en secret le sommeil paisible qu'elle goûtait; son sein découvert, se soulevant par intervalles, me laissait voir des charmes que ma main avait parcourus avec avidité; sa bouche demi-close exprimant un sourire, d'où parfois s'échappait un léger soupir, semblait encore inspirer la volupté. J'étais prêt à lui donner une nouvelle preuve de ma reconnaissance, quand la porte de sa chambre s'ouvrit très doucement. C'était Augustine! qui, surprise, étonnée de me trouver dans une semblable position, porta son mouchoir à ses yeux et s'éloigna en fermant la porte sur ses pas. Je me levai à la hâte, m'enveloppai dans mon manteau, et quittai la maison du général, comptant bien ne jamais y retourner. C'est ainsi que se termina cette aventure, qui avait si bien commencé, qui eut des suites

6..

inquiétantes, un dénoûment heureux pour moi, et une fin désagréable pour Augustine. »

Jules nous rappela que l'heure était venue de nous rendre chez M. de Clairefort; nous partîmes et nous ne tardâmes pas à y arriver. Un domestique nous annonça, et bientôt le maître de la maison vint à nous et nous présenta à une brillante et nombreuse société réunie dans un magnifique salon richement décoré. La conversation roula d'abord sur des choses insignifiantes ; on parla des nouvelles du jour, on passa en revue le théâtre. A la conversation générale succédèrent la danse et les jeux; une musique mélodieuse invite à y prendre part, chacun fait son choix et les quadrilles commencent. Debout, immobile dans un coin du salon, je réfléchissais et cherchais dans ma jeune tête le plaisir que pouvait éprouver, à ce fol et pourtant cadencé exercice, cette réunion joyeuse qui s'y livrait. Ces gens-là, me dis-je, sont de mon âge, mais que leurs goûts sont différens des miens : quel plaisir peut-on éprouver à sauter ainsi, à se coudoyer, à se ruer sur une foule qui se jette sur vous ; à faire quelques minauderies à une dame qui ne vous répond que par des paroles maniérées, ou à rester par intervalles dans une complète immobilité? Que la solitude a plus de charmes ! Dans celle que je voulais goûter, je m'y retrouvais avec une femme, une femme telle que mon imagination fantasque me la retraçait, et que je ne saurais dépeindre ; une femme enfin que je n'ai jamais pu trouver et comme il n'en existe pas.

« Eh ! bien, me dit Jules en me frappant doucement sur l'épaule, tu ne danses pas ? Est-ce que, parmi ces dames, il n'en est pas une que tu aies distinguée ? Je me suis déjà occupé de toi, M. de Clairefort est tout-à-fait disposé en ta faveur : c'est l'un de tes compatriotes ; il n'a pas paru peu surpris d'apprendre que tu étais d'Aumale ; il m'a même assuré avoir autrefois connu tes parens, et témoigné l'intention d'avoir un entretien avec toi. Il est passablement entiché de son pays natal, car il m'a vanté avec emphase toutes les productions de la Normandie, et particulièrement le beurre de Gournay, le fromage de Neufchâtel et les pommes de reinettes. Je te quitte; je retourne à l'écarté, je n'y suis pas heureux aujourd'hui. Louis n'est guère plus en veine que moi; le vicomte de T...., avec lequel il joue, vient de passer sept fois de suite : c'est assommant, c'est à ne pas y tenir. »

Un instant après j'aperçus M. de Clairefort; il vint à moi, me parla de mes occupations chez M. le baron de P...., m'entretint fort long-temps d'Aumale et de ses environs; je remarquai que les souvenirs de ces lieux, témoins de son enfance, lui étaient agréables; parfois il s'arrêtait et cherchait à se rappeler quelque chose qui fût à ma connaissance, afin de jouir du plaisir de m'entendre le lui raconter. Il parut un instant réfléchir, et, après un moment de silence, il s'écria que j'étais trop jeune encore pour connaître..... Je ne savais à quoi attribuer cette exclamation, lorsque tout-à-coup il me prit la main et me la serrant affectueusement : « Pardon, Monsieur, me dit-il, j'étais distrait, je pensais à autre chose. Je vais m'occuper de vous ; j'espère vous trouver un emploi avantageux. Faites-moi l'amitié de venir demain, dans la matinée, nous déjeunerons sans cérémonie. »

La nuit était fort avancée quand le bal finit ; chacun se retira plus ou moins satisfait du tumulte social, méditant déjà de nouveaux moyens pour varier ses plaisirs du lendemain.

V.

Visite. — Retour. — Chasse.

« . . . . Oui, Monsieur le Comte, privé dès son bas-âge des tendres caresses paternelles, mon malheureux ami n'a jamais connu l'auteur de ses jours. Elevé par les soins du respectable Belmonti, dont il fait la consolation et l'espoir de ses vieux ans, il reçut de ce vieillard son éducation première, et plus tard il alla continuer à Montpellier ses études médicales, auxquelles il est destiné. Sa mère infortunée, gémissant encore de sa faiblesse, expie, par le plus cruel chagrin, l'abandon dans lequel son lâche séducteur l'a laissée. Pour un moment Belmonti avait espéré que l'homme qui avait séduit Isabelle, donnerait un nom à son enfant; bercé par cet espoir, il fit quelques démarches auprès de la famille du jeune homme qui devait réaliser ses espérances; mais il avait disparu, et n'avait laissé entrevoir d'honorables sentimens que pour mieux assurer son repos jusqu'au moment où, cédant aux intentions d'un vieil oncle dont il était le pupille, il partit pour l'Italie. Trompée dans son attente, la famille Belmonti apporta des consolations au malheur de leur fille chérie; prit le jeune Edouard sous sa protection, et maudit en secret l'homme barbare qui le méconnaissait.

— Malheureux Ferdinand !

— Vous serait-il connu, Monsieur le Comte ?

— Exécrable préjugé !.... Séduit par une illusion mensongère, je fus sourd aux cris sacrés de la nature, je repoussai sans pitié une main suppliante tendue vers moi, qui m'implorait pour une créature innocente, sans égard pour sa malheureuse mère que je livrai au déshonneur; et en abandonnant mon fils en des mains qui m'étaient étrangères, je suivis l'impulsion dictée par un froid et inexcusable égoïsme..... Oui, M. B...,, le comte de Clairefort est le père de votre ami! Ah! lui aussi il me maudit sans doute ! Et sa mère.... ô mon Isabelle! respectable Belmonti! c'est moi qui vous opprime, tandis que vos cœurs bons et généreux auraient béni mon nom si j'eusse été capable d'être vertueux ! »

Cet aveu me jeta dans le plus grand étonnement. J'avais toujours ignoré, et il ne m'était jamais venu à l'idée de m'informer du nom que portait le père d'Edouard; souvent il m'avait écrit pendant son séjour à Montpellier, il m'entretenait de sa mère, et témoignait le désir de se rapprocher de nous; mais jamais il ne me parlait de son père, dont il ignorait, comme moi, le nom et en quel lieu il habitait. Je savais qu'Edouard, cédant à la prière de Belmonti, dont l'âge et les infirmités faisaient craindre pour ses jours, avait quitté Montpellier depuis peu, avec l'intention de passer quelque temps à Aumale. M. de Clairefort me demanda ces divers renseignemens avec une avide curiosité; me parla ensuite de son voyage en Italie et du long séjour que son oncle le força d'y faire, dans le dessein de l'éloigner d'Isabelle; mais ni les plaisirs de tous genres dont il était environné, ni le temps, ne l'avaient point bannie de sa mémoire, et il aimait toujours à s'en rappeler le souvenir. Il était rentré en France, et avait encore, à la prière de son oncle, long-temps habité Paris. A cette époque M. Dulac tomba dangereusement malade; voulant assurer à son neveu la brillante fortune dont il était possesseur, il fit un testament olographe, par lequel il le nommait son légataire universel, et lui enjoignit, comme dernière volonté, de s'unir à Mme R...., que des liens de famille rapprochaient déjà; cette circonstance, jointe aux autres vœux de tous ses parens, acheva de le déterminer, et quelques jours après, son hymen fut célébré à la satisfaction des deux familles; ce fut ainsi que, pressé par son oncle de contracter un mariage qu'il n'avait point recherché, il oublia, au sein de l'opulence et des honneurs de son rang, Belmonti, Isabelle et son malheureux enfant. Enfin, six mois après son mariage, M. de Clairefort, dont l'immense fortune s'était considérablement accrue par la mort de son oncle, quitta la Normandie et vint se fixer à Paris.

C'est peut-être ici la seule époque de ma vie où j'eusse pu m'élever dans la bonne société, si mon étoile m'en eût suscité la pensée; mais j'étais trop épris de l'état militaire, les nobles revers que la Grèce éprouvait alors, faisaient vivement battre mon cœur; je souriais à la vue d'un uniforme, je m'en créais une brillante illusion que, plus tard, la réalité devait détruire.... Je quittai la maison de M. de P.... peu de jours avant son départ pour Lisbonne. L'estime, je pourrais même dire l'amitié, que M. de Clairefort me témoigna en voulant m'être utile, aurait dû me dessiller les yeux, et me laisser entrevoir tous les avantages qu'il m'était facile d'en retirer. Nouvelles sottises de ma part, je ne voulus jouir d'aucun, je me croyais déjà assez de force pour me mouvoir et sortir avec succès de ce tourbillon où tant d'autres hommes plus expérimentés se perdent; je rougissais à la seule idée d'avoir un protecteur; ne voulant agréer ses bienfaits qu'autant que je croirais mon mérite digne de les accepter, à moi seul j'abandonnai le soin de ma destinée : mais de quoi étais-je capable? Je formai la résolution de m'engager; déjà j'avais écrit plusieurs fois à mes parens à ce sujet, qui ne voulurent point obtempérer à ma demande. J'atteignis l'âge où tout homme devient tributaire de sa patrie; toujours obsédé par cette pensée qui me poignait sans cesse, je résolus de retourner dans ma famille, de la fléchir, et d'accomplir, à quelque prix que ce fût, mon insensé dessein.

On était alors dans la plus belle saison de l'année; la campagne, parée de ses fleurs, riche de son avenir, promettait au cultivateur laborieux la récompense de ses travaux. Ce fut donc un beau jour de mai que je dis adieu à mes amis, et allai, dans les bras des parens qui me chérissaient, attendre, avec l'impatience d'un étourdi, l'heure qui devait décider de mon avenir.

Que celui qui a bu à la coupe du bonheur, et qu'une honnête aisance met à même de seconder les passions trop souvent licencieuses d'un caractère frivole; que celui-là, dis-je, se trouve tout-à-coup privé des plaisirs dont il s'est fait une habitude, son esprit inquiet et voguant au hasard, sera toujours prêt à lui en procurer de nouveaux. Ne pouvant, comme autrefois, trouver la distraction dans le cœur de la société, la solitude me charma; plongé dans une douce rêverie, je passais des heures entières au pied d'un chêne bien touffu, ou près d'un clair ruisseau, dont le doux murmure me faisait oublier parfois l'heure des repas. Je donnais un libre cours aux souvenirs qui m'assiégeaient, et aimais à me créer des faveurs nouvelles, dont l'illusion venait en embellir et colorer le tableau.

Le bon ton que peut acquérir un jeune homme après un laps de temps passé à Paris, le fait ordinairement rechercher de la société; de retour chez mes parens, chacun vint me voir et voulut fêter mon arrivée; avec quel plaisir je retrouvai mon ami! à quels transports de joie ne nous livrâmes-nous pas aux souvenirs de notre enfance! Edouard n'avait rien perdu de son étourderie; son maintien était noble et gracieux; sa physionomie exprimait à-la-fois le courage et la fierté mâle qui le caractérisaient; et la régularité de ses traits, en adoucissant son regard sévère, donnait à sa figure quelque chose d'agréable et de distingué. La pêche, la chasse, le vin et les femmes, étaient de son ressort; les femmes surtout. Il eût été parfait, me disait-il, si comme moi il eût vécu au sein de la capitale. Je me gardai bien de lui nommer les personnes que j'y avais connues, le sachant d'un caractère capable de se venger du comte, en exposant lui-même sa propre tranquillité. Sa mère était heureuse de son retour, et le vieux Belmonti, qui voyait en lui un héritier de son nom, ne formait d'autre dessein que de terminer sa longue carrière dans les bras de son petit-fils.

Un jour que l'Aurore, au doigt de rose, avait à peine répandu sur la terre des torrens de lumière, et que, porté sur son char éblouissant, le blond Phébus paraissait radieux sur notre hémisphère, invitant par sa bienfaisante chaleur la matinale alouette à s'élever vers les cieux; un jour, dis-je, que je me disposais à rendre visite à un parent que je n'avais point encore vu depuis mon retour de Paris, Edouard, vêtu d'un habit de chasse et le havresac garni, vint m'inviter à passer la journée avec lui; j'acceptai. Après un léger déjeuner, nous nous dirigeâmes sur le bois qui s'élève en pente et domine le petit village de Courcelles, et, avec l'agilité d'intrépides chasseurs, nous le parcourûmes en plusieurs sens, tirant çà et là sur quelques bêtes aériennes qui tombaient sous nos coups.

Vers le milieu de la journée la chaleur devint tellement excessive qu'elle nous obligea à prendre du repos; nous profitâmes de l'ombre d'un épais feuillage, et là, assis sur un lit de mousse, nous visitâmes le sac dans lequel étaient renfermées nos provisions.

« Croirais-tu, me dit Edouard, que cet endroit fut témoin de mes exploits amoureux ? Je me rendais dernièrement à Courcelles, lorsque le hasard me fit rencontrer tout près d'ici une jeune paysanne qui suivait la même route; je l'accoste, elle me paraît jolie; je lui fais une proposition qui ne semble pas lui déplaire; nous prenons ce sentier, nous gagnons ce bosquet touffu, et ma foi tout alla le mieux du monde. Je ne lui fis aucune promesse, comptant bien ne plus la revoir. De son côté, elle ne parut pas s'inquiéter qui j'étais, et nous nous quittâmes. Mais quelle fut ma surprise, lorsque, deux jours après, je la rencontrai chez mon parent; elle rougit, baissa timidement les yeux; je n'y fis pas attention, et, craignant qu'on ne s'aperçût du trouble où ma présence l'avait mise, je l'évitai. Tu ne devines peut-être pas quelle était cette aimable fille?... Eh! bien, mon cher, c'est simplement la bonne de ma charmante cousine; tu conçois?....

— Oui, ta cousine t'en eût sans doute fait des reproches; pourquoi aussi t'adresser à sa bonne?...

— Je ne la connaissais pas, et, pour tout au monde, je n'aurais pas voulu que sa maîtresse le sût; j'aurais été perdu près d'elle, moi qui..... » Ici Edouard s'interrompit et changea la conversation. « Je ne te croyais pas aussi adroit au tir. Diable! deux perdreaux, quatre mauviettes et une mésange! c'est prodigieux. » Tout en nous adressant ainsi mille questions insignifiantes, et en écoutant avec ravissement le gazouillement des oiseaux, nous nous endormîmes profondément sur le gazon ; je ne sais jusqu'à quelle heure nous y serions restés, si de larges gouttes d'eau, tombant par intervalles, ne fussent venues tout-à-coup nous tirer de notre assoupissement ; un nuage noir qui s'élevait au midi, et d'où partaient à chaque instant des éclairs éblouissans, annonçait un violent orage ; déjà de temps en temps le tonnerre grondait, et ses coups, répercutés par l'écho de la forêt, se prolongeaient sans cesse. Edouard, qui n'était peut-être pas fâché que cet incident vînt à propos pour nous rapprocher de Courcelles, dont nous n'étions qu'à dix minutes, me témoigna le désir de s'y rendre. « Viens, me dit-il, nous ne pouvons, par le temps qu'il fait, retourner à Aumale, ce serait folie ; allons à Courcelles, nous y coucherons, et demain..... Ah ! ma foi, des excuses tant que tu voudras, nous sommes mouillés, l'essentiel est de nous sécher. »

La pluie tombait par torrens, le tonnerre continuait de gronder avec force, il n'y avait pas moyen d'éviter l'orage ; trempés jusqu'aux os, nous nous dirigeons à grands pas vers Courcelles, Edouard me conduit dans une maison d'assez belle apparence, entre, fait un bruit épouvantable, demande du feu, du vin, appelle sa cousine, envoie le cousin à la cave, et ordonne aux domestiques d'aller chercher du bois : ceux-ci étaient probablement habitués à son bavardage, car ils n'en allaient pas plus vite. Je ne savais trop comment m'expliquer la manière un peu libre de mon ami ; mais la cordialité et l'empressement avec lesquels nous fûmes servis, me firent penser que son étourderie n'avait pas déplu à son parent.

Edouard ne m'en avait point imposé, sa cousine était vraiment jolie ; une petite bouche, ornée de belles dents blanches comme l'ivoire, exprimait à chaque instant un doux sourire ; ses yeux bleus, fendus en amandes, avaient quelque chose de langoureux et pourtant de vif ;

ses beaux cheveux blonds tombaient naturellement en boucles sur deux épaules dont la blancheur la disputait au satin ; sa taille était moyenne et fine, son pied petit, sa démarche gracieuse sans être forcée ; enfin tout en elle semblait respirer la volupté.

Le but des richesses est généralement celui de tout le monde ; mais la fortune capricieuse est souvent injuste, et n'accorde ses faveurs qu'à celui qui y compte le moins : tel est M. Gérôme, cousin d'Edouard, l'un des plus riches propriétaires de Courcelles. La mort de son père, en le rendant maître d'un riche patrimoine, ne changea en rien ses habitudes domestiques ; ses chevaux, sa charrue, firent ses délices. Sans son or peut-être n'eût-il été qu'un vrai rustre de campagne ; mais là, comme ailleurs, l'opulence donne de l'esprit, et M. Gérôme était un homme très marquant parmi les habitans de Courcelles.

Elevée par les soins d'une famille qui la chérissait, et dont elle faisait l'ornement, l'aimable et sensible Eléonore ne sut qu'obéir lorsque sa mère lui proposa M. Gérôme pour époux. L'ascendant qu'elle conserva sur lui, la laissant libre de ses actions, elle n'eut point à se repentir d'avoir formé des nœuds que l'amour n'avait point préparés.

Pendant mon séjour à Paris, j'avais acquis tant d'expérience sur la foi conjugale, que je m'aperçus bientôt qu'Edouard cherchait à compromettre celle de sa cousine, si elle ne l'était déjà. M. Gérôme était un brave homme qui ne s'occupait guère des soins du ménage, et négligeait sans doute la première, comme la plus essentielle fonction de l'hymen; il voyait d'un air presque satisfait les agaceries innocentes, il est vrai, qu'Edouard se permettait envers sa cousine; il s'en amusait même, et, la bouche béante, il semblait s'épanouir quand celui-ci donnait un baiser dont Eléonore ne se défendait que légèrement en le recevant. Un époux susceptible aurait pu croire cette résistance simulée, eût rappelé à sa femme l'article 212, titre v du code civil, et aurait envoyé le cher cousin à tous les diables ; mais le commode mari les laissant tranquillement dans un heureux tête-à-tête, reprenait ses travaux champêtres, tout en chantant sur un air fort connu : « Que je suis heureux d'être père. » Il y a pourtant des maris de cette trempe !

Nos promenades avaient toujours à-peu-près le même cours ; c'était ordinairement à Courcelles qu'elles se terminaient. J'étais étonné qu'Edouard ne me fît aucune confidence sur l'intimité qui existait entre lui et sa cousine ; il me laissait bien entrevoir qu'il l'aimait, mais j'ignorais entièrement s'il en était payé de retour. Il agissait en galant homme, me dira-t-on. C'est juste, il est des secrets qu'un ami doit pénétrer sans qu'on les lui confie. Au premier abord j'ai pu croire Mme Gérôme sensible aux attentions d'Edouard ; par la suite il ne me parut qu'un enfant avec qui elle jouait par habitude, et s'ennuyait souvent de sa puérilité ; tandis que, plus réservé que lui, je m'étais insensiblement rendu près d'elle tel que la société m'avait

formé, aimable, prévenant, faisant l'éloge de
ses charmes, ou lisant quelques livres que j'avais
apportés de Paris. Sans lui avouer que je l'aimais,
je disposais son cœur à s'ouvrir au mien; sans
lui dire que tout mon bonheur eût été de le
posséder, les procédés dont j'usais envers elle
l'obligeaient à la reconnaissance; peut-être se-
rais-je devenu un ami dangereux pour Edouard,
si les devoirs de l'amitié, en me rappelant à
moi-même, ne m'eussent fait entrevoir ma coupable intention, comme violant les droits de
l'hospitalité, en me rendant indigne de presser
encore la main de celui qui me l'avait accordée.
Je voulus m'éclairer sur ma véritable position;
j'aimais Eléonore, je croyais mon ami heureux;
je ne devais donc point chercher à troubler sa
félicité, et pourtant elle faisait mon malheur.
Je combattais en moi-même ma naissante passion, je voulus la détruire; mais ma faible raison, vaincue par l'amour qui la subjuguait, livrait mon âme aux angoisses les plus cruelles;
je fuyai Edouard et sa cousine; seul en ma
chambre, seul avec mes souvenirs, je cherchai

à bannir la téméraire pensée qui m'enchaînait à une femme que je ne pouvais légitimement obtenir. Je triomphai un instant, et je m'applaudissais en secret de pouvoir l'oublier; mais bientôt son image chérie, empreinte en mon cœur, bouleversant mes idées chimériques, semblait fortifier en mon âme la vie prête à lui échapper. Quelquefois Edouard venait à ma chambre, et voulait m'arracher à la mélancolie dans laquelle j'étais plongé. « Craindrais-tu, me disait-il, que le sort te soit contraire? Je veux dissiper ton chagrin; viens à Courcelles, ton absence inquiète.... » Le malheureux! il rouvrait une blessure mal cicatrisée et me soumettait à une terrible épreuve! Je ne sais pourquoi, en approchant de la maison de M. Gérôme, je frissonnais; à me voir, on eût dit un coupable; je supportais avec un impassible sang-froid les railleries d'Edouard. Ah! qu'il était loin de deviner ce qui se passait en moi! Je revois Eléonore, et ma langue glacée ose à peine lui adresser quelques mots; elle me gronde de la négligence que j'ai mise à mes visites; je veux m'excuser, et mes paroles expirent sur mes lèvres ; je balbutie, elle s'aperçoit de mon trouble, elle en paraît émue, elle me jette un regard compâtissant auquel se mêle un doux sourire. Ce mouvement presque imperceptible, porta à mes sens l'espoir consolateur qu'un instant avant je voulais détruire, et cependant Eléonore n'avait que souri.

VI.

Projet de séduction. — Démarches qui ne sont point infructueuses. — Réussite. — Tirage au sort.

Les hommes ont presque tous les mêmes défauts : qu'une femme jeune, jolie, et d'un caractère ingénu, réponde avec complaisance à la galanterie que lui impose l'étiquette, ils prennent toujours à leur avantage la moindre préférence qui flatte leurs vains préjugés, et attribuent aux préliminaires de l'amour les égards qu'elle a pour eux. Le bonheur dépend souvent d'un sourire, et j'avais cru apercevoir, dans celui d'Eléonore, le sentier parsemé de fleurs qui devait m'y conduire. Etait-ce présomption? Non, un sentiment naturel avait enflammé mon âme à la vue de cette femme charmante. L'amour vainquit ma résistance au moment où je voulais triompher de ma raison; dès-lors je me crus aimé, je brûlais d'en recevoir la preuve, et je n'avais encore rien fait pour la mériter. Le respect que je dois à l'honnête M. Gérôme, la seule idée de trahir mon ami, l'incertitude du succès, me tiennent en suspens et partagent mon cœur entre le devoir, la trahison, la crainte et l'espérance. Un seul regard d'Eléonore dissipe ces noires idées, et ajoute encore au désir que j'ai de lui faire connaître les sentimens qu'elle m'inspire. Edouard paraît les deviner, et frissonne à la seule pensée que je puisse obtenir des faveurs auxquelles lui-même aspire depuis long-temps : c'est en vain qu'il emploie la ruse pour m'arracher un secret qu'il craint d'approfondir, ma prudence trompe sa vigilance et rend pour un moment le calme à son âme agitée par la jalousie.

En amour la dissimulation est quelquefois nécessaire, surtout auprès d'un rival qui est un ami ; mais elle devient indispensable lorsqu'il faut tromper un mari, éblouir des domestiques, et séduire une femme qui n'a pas témoigné l'intention d'oublier ses devoirs : ces difficultés ne sont point insurmontables quand on aime, et tout en rassurant Edouard, je médite les moyens qui doivent m'assurer une conquête. Eléonore saura combien je l'aime, une lettre doit le lui faire connaître.... Et pour éloigner tout soupçon capable de compromettre celle que j'adore, je m'assure la discrétion d'un vieux domestique, dont la confiance et la sincérité me sont également connues. Oui, une lettre fera connaître mon amour à Mme Gérôme ; je veux lui faire partager le délire de mon âme en asservissant la sienne aux palpitations de mon cœur;

c'est le premier pas : si elle y souscrit, si elle accepte ma lettre, si elle en brise le cachet, si j'en reçois une réponse, fût-elle dictée par la colère, elle ouvre l'espérance à mon cœur, elle allume mes sens d'un feu qui ne doit s'éteindre que dans un torrent de voluptés.

Après avoir, à plusieurs reprises, lu et relu ma lettre et l'avoir cachetée, je me dis en moi-même : j'aurai bien du malheur si je ne réussis pas; puis, appelant Honoré :

« Honoré, lui dis-je, une indisposition subite m'empêche de me rendre à l'invitation de M. Gérôme ; tiens, porte cette lettre à Madame; tu entends, Honoré, à Mme Gérôme?

— A Madame ou Monsieur, n'est-ce pas la même chose? sauf votre respect.

— Hé.... non, mon ami, c'est Madame qui m'a invité..... Honoré, as-tu bu la goutte ce matin?

— Ma fine non, Monsieur.

— Voilà pour boire à ma santé, et si Madame est absente, tu diras seulement que je suis indisposé.

— Comme ça, je rapporterais la lettre?....

— Oui, oui. Va, hâte-toi, et rappelle-toi surtout que c'est à Madame qu'elle est adressée. Cours, mon ami, cours.

— Hâte-toi..... cours, mon ami..... Est-il donc drôle, lui, M. Alphonse; il oublie que v'là soixante ans que je cours et que je commence à me fatiguer.... Cependant je ne veux pas le désobliger, il est si bon enfant, et puis quand ça ne s'rait que pour c'te petite pièce qu'il vient de me donner.... Je ne conçois pas, par exemple, pourquoi il se dit malade quand il se porte à merveille.... Pourquoi.... Il n'est pas du tout de mon avis, car je ne refuserais jamais d'aller ous-ce qu'il y a un fameux dîner à prendre et du bon vin; oh! le bon vin.... rien que d'y penser l'eau m'en vient à la bouche... Là-dessus chacun son goût; c'est peut-être la peur d'attraper une indigestion.... dame, qui sait. »

Honoré est déjà loin; près d'arriver à Courcelles il aperçoit M. Gérôme, mais trop éloigné pour l'atteindre, il se met à crier de toutes ses forces : « Monsieur Gérôme! hé !.... hé! donc, monsieur Gérôme! il ne viendra pas, vous pouvez vous mettre à table. » Voyant qu'il ne peut être entendu, il se dit en lui-même : Au fait, ce n'est pas ma faute s'il ne déjeune pas plus tôt.

« Qui appelez-vous donc? » lui demande une jeune femme qui a reconnu le vieux serviteur d'Alphonse. Honoré se retourne brusquement et aperçoit Eléonore. « Je vous demande ben pardon, Madame, mais il ne viendra pas.

— Qui?

— Eh! ben lui, M. Alphonse; je puis vous

assurer qu'il est dangereusement malade. Mais, sauf votre respect, comme vous pourriez en douter, il m'a chargé de vous remettre cette lettre..... Pauvre jeune homme! sa position me fendait le cœur quand je suis parti. »

Madame Gérôme ne conçoit rien à ce bavardage qu'elle n'écoute plus... elle rompt le cachet et fait signe à Honoré de la suivre.

« J'étais ben sûr que ça la fâcherait, dit celui-ci : quand on compte sur quelqu'un, puis qu'il vous plante là, c'est absolument comme si l'on n'avait personne.

— Honoré?

— Madame.

— Remettez ceci à M. Alphonse, et dites-lui que je fais des vœux pour le rétablissement de sa santé. »

Honoré remercie, salue et part.

Depuis une heure j'étais au guet, attendant dans la plus vive inquiétude le retour de mon messager; je l'aperçois enfin, je cours au-devant de lui et lui demande quelle nouvelle?

« Ouf.... c'est très clair, la nouvelle est que vous manquez un fameux dîner.... Oh! l'excellent gigot! et les canards donc!

— Il ne s'agit pas de dîner, lui dis-je avec impatience; que t'a-t-on dit?

— D'abord on est en colère contre vous; ensuite on fait des vœux pour... pour... votre maladie; et puis la cuisinière m'a dit qu'il y avait de la pâtisserie pour dessert, puis.... sauf....

— Comment, on ne t'a rien remis pour moi?

— Pardonnez..... mais il est bon que vous sussiez auparavant....

— Eh! je ne veux rien savoir, malheureux! donne-moi vite, et retire-toi.

— Est-ce que par hasard il vous prendrait l'envie d'aller à Courcelles?.... Où diable l'ai-je donc mise?... Je ne vous le conseille pas... Il n'y avait pas de danger que je la perde.... car vous me feriez passer pour menteur.... Ah ! la v'là enfin....

— C'est bien heureux ! »

Je me tiens à l'écart; je crains, j'espère, je ne sais à quels sentimens mon cœur est livré; je brise le cachet, je parcours avec avidité, et en hésitant, ces caractères qui doivent augmenter mon supplice ou assurer mon bonheur; cette lettre ajoute encore à mon anxiété, Eléonore la termine ainsi : « Vous voudrez bien, Mon-
» sieur, suspendre vos visites jusqu'à ce que
» la raison vous ait rendu à des sentimens plus
» honorables. »

Elle est fâchée, me dis-je, je m'en doutais, mais ce n'est qu'un moment d'humeur. Allons, allons, M. Gérôme est absent..... aux grands maux les grands remèdes. « Honoré, donne-moi mon fusil.

— Surtout, Monsieur, n'allez pas du côté de Courcelles. »

Je ne perds pas de temps ; assuré par mon fidèle Honoré que M. Gérôme est absent, je dois tout attendre de ma vigilance. La chasse n'est pas le seul motif qui m'attire dans la plaine ; bientôt j'aperçois Courcelles.... je suis près d'arriver, lorsqu'une perdrix s'élevant à mes pieds vient interrompre ma rêverie ; je veux punir la délinquante.... le coup part, et l'oiseau blessé tombe dans le jardin de M. Gérôme.

Après le départ d'Honoré, Eléonore était descendue au jardin pour se livrer aux réflexions que lui suggérait la déclaration que renfermait ma lettre, et se promettait bien de ne pas répondre à des sentimens incompatibles avec son honneur ; mais l'intérêt que lui inspire le jeune homme, la délicatesse dont il a jusqu'ici usé envers elle, enfin les bons procédés et les attentions qu'il avait eus, plaidaient puissamment en sa faveur ; s'il n'eût demandé que de l'estime, on lui aurait volontiers accordée ; mais Alphonse est exigeant, il aime, il veut être aimé, et, pour donner une preuve de sa sincérité, il ne demande qu'un tête-à-tête ; c'est le dernier pas, le désir y naît, la vertu s'y perd ; la froideur d'un mari n'autorise pas d'avoir un amant, mais la femme la plus sage a plus d'une fois succombé par l'insouciance de celui-ci. Enfin mille pensées confuses absorbent tellement la pauvre Eléonore, qu'elle ne s'aperçoit pas que celui qui la préoccupe est arrivé près d'elle, qu'il s'y est arrêté, afin de reconnaître à l'expression de son premier regard, ce qu'il doit espérer ou ce qu'il doit craindre.

Madame Gérôme me voit enfin et jette un cri. Enchanté que le hasard me la fit rencontrer en cet endroit, je feignis cependant la surprise. « Je vous demande pardon, Madame, lui dis-je, de troubler ainsi votre solitude, croyez que j'en suis sincèrement fâché.....

— Dites plutôt mon repos, » reprit madame Gérôme. Puis se remettant un peu : « C'est bien mal à vous, monsieur Alphonse, d'oser prétendre.... à me rendre méprisable aux yeux du monde.

— Ah! Madame, éloignez cette injuste prévention; en osant vous faire l'aveu de mon amour, je n'ignore pas le mystère qui doit l'environner. Non, ce n'est point l'effet d'une passion momentanée qui m'attire vers vous..... je l'ai souvent combattue; connaissez mon cœur, il vous appartient tout entier; un mot, un seul mot peut m'assurer le vôtre..... Eléonore, ma chère Eléonore, cédez à mon amour.... c'est à vos genoux que je jure....

— Arrêtez, Alphonse, ne prononcez pas un serment téméraire! Ignorez-vous les liens qui m'attachent à un autre; qu'en trahissant mes devoirs, je me rends coupable, même à vos yeux, et peut-être qu'un jour vous pourriez vous repentir d'une conquête que vous n'auriez que faiblement combattue ?.... Il ne m'est plus possible de vous le dissimuler, je vous aime, Alphonse, vous avez acquis des droits à mon amitié ; mais que ce sentiment vous suffise. Et vous, si vous m'aimez, ne préparez pas à mon cœur des remords éternels.

— Eh! quoi, Madame, les liens qui vous attachent à un autre sont, dites-vous, indissolubles! J'y consens pour l'amitié ; mais l'amour, l'amour qui seul fait des heureux, ne doit-il pas trouver, dans la satisfaction de nous-mêmes, le puissant auxiliaire qui le fait agir, en nous livrant spontanément à ses divines jouissances ?

— Alphonse, vous connaissez mes sentimens.

— Ils ne s'attachent qu'à l'estime, qu'à l'amitié. Madame, on accorde l'une à des personnes qui vous sont presque indifférentes; l'autre se donne à titre de reconnaissance ; mais l'amour, cette flamme si pure qui se communique au premier abord, qui électrise et soumet à-la-fois, au même instant, deux cœurs à son irrésistible pouvoir, peut-il être mis en parallèle avec les autres sentimens affectueux et honorables?

— La vertu, mes devoirs, votre estime même, me font une loi sévère dont je ne puis m'écarter.

— Il ne faut que du mystère pour conserver les deux premiers; sous ce voile, les femmes sont à l'abri de la critique, leur conscience est pure; on ne doit pas cesser d'estimer une femme parce qu'elle cède à l'amour. » Madame Gérôme se tut.

Le vulgaire des amans ne connaît que l'heure de la jouissance; c'est celle d'une intimité plus grande, des éloges mieux sentis, des protestations plus persuasives, des épanchemens tendres, des larmes délicieuses et de toutes les voluptés du cœur; c'est alors que ramenant ses pensées sur le présent qui le charme, il s'applaudit de tant de bonheur obtenu malgré tant d'obstacles ; n'apercevant plus dans l'avenir qu'une longue suite de beaux jours, il s'abandonne avec une confiance entière aux rêveries de l'espérance. Eléonore est vivement émue, je ne le suis pas moins, et pendant ce langage muet, mais expressif, d'un bras je soutiens mon amante, je la couvre de baisers..... ma main caresse un sein d'albâtre qu'un léger fichu dérobe à peine à mes regards..... je touchais au terme du bonheur, et peut-être la vertu de madame Gérôme eût succombé, si une voix trop connue ne l'eût obligée de s'arracher de mes bras.

La prudence voulait qu'on se séparât de suite, Eléonore vaincue par l'amour ; moi, emportant dans mon cœur l'espoir de la revoir bientôt.

Pendant que je jurais à Eléonore une amitié durable, que l'amour aurait peut-être couronnée sans l'incident qui nous força à nous séparer, depuis une heure Honoré était aux prises avec

Edouard, qui le tourmentait pour découvrir le motif de mon absence et s'impatientait de ne pas me voir arriver; la jalousie qui le domine sans cesse, lui fait trouver, dans mes moindres actions, de justes sujets d'éveiller ses soupçons. Il fait à mon vieux domestique questions sur questions, auxquelles celui-ci, d'après mes instructions, se borne à répondre : « M. Alphonse est à la chasse. » Il suit à grands pas le chemin qui conduit à Courcelles; un secret pressentiment lui fait croire que je suis de ce côté; bientôt il m'aperçoit et s'avance à ma rencontre.

La certitude du bonheur avait répandu la satisfaction sur mes traits; mais à la vue d'Edouard j'éprouvai une émotion qui ne m'était point ordinaire; la solitude convient à ma situation; on est heureux de pouvoir jouir sans témoin de son bonheur : sa présence m'importune, et, malgré l'accueil que j'en reçois, je conserve une froideur qui n'échappe pas à l'œil scrutateur de mon ami.

« En vérité, mon cher, me dit-il, je désespérais de ton retour; Honoré peut te dire avec quelle impatience je t'attendais. Aller à la chasse sans ses amis!

— Je ne pouvais prévoir que tu daignerais m'honorer.....

— Qu'est-ce que c'est que cette mine-là, s'il vous plaît? Encore de sombres idées.

— Edouard, mon ami, je suis indisposé..... le grand air peut-être.... je voudrais goûter un peu de repos.

— Du repos! est-ce que tu plaisantes..... Du repos quand je suis ici, quand je t'attends depuis deux heures!.... Moi aussi j'étais malade; cette nuit j'ai fait un rêve si drôle. Je parie que tu ne devines pas ce que j'ai rêvé.

— En effet, je serais fort embarrassé; mais je tiens peu à le savoir, et je crois que toi-même n'es guère disposé à le raconter, encore moins d'y ajouter foi.

— N'importe, ce sont des numéros que je crois bons à mettre à la loterie, et si le hasard me favorise, gare le quaterne !

— Je doute que ton rêve réussisse ; mais le fait est original.

— Eh ! pourquoi ne réussirait-il pas ? dit Honoré. Ne savez-vous pas que feu votre grand-père a perdu une partie de sa fortune au jeu, et qu'un autre s'est enrichi de ses dépouilles, et que.... sauf votre resp....

— Qui te demande cela ? dit Edouard ; laisse-nous. » Et Honoré s'éloigna.

Edouard brûlait de parler de sa cousine ; sitôt que nous fûmes seuls, il fit insensiblement tomber la conversation sur un objet qui l'intéressait si fort, et me demanda depuis quand je n'avais vu sa jolie parente.

« Je n'ai pas eu cet avantage depuis que nous y fûmes ensemble.

— N'est-ce pas qu'elle n'est pas mal?... Hem, qu'en dis-tu ?

— Mais oui.... assez jolie.

— Bien certainement il y en a de moins belles que l'on adore; aussi mon aimable cousine ne manque-t-elle pas d'admirateurs! et moi le premier j'ai voulu...... mais zest, on ne peut lui faire comprendre cela.

— Comment, Edouard, tu as osé ?

— Est-ce que tu n'oserais pas, toi?

— Je ne dis pas cela.

— Oui, j'ai osé, et je m'en souviendrai longtemps encore; car elle m'a interdit sa porte, et ce n'est que depuis quelque temps que j'y suis admis. Qu'as-tu donc, tu es tout pâle ?

— Je te le répète, je ne suis pas bien.

— Couche-toi.

— Ça ne sera peut-être rien.

— Couche-toi toujours.

— Edouard, tu es fou.

— Non, j'ai étudié la médecine, je m'y connais. Honoré! holà! hé!

— Edouard, je t'en prie, ne fais donc pas un esclandre comme ça.

— Eh! bien, couche-toi.... Diable, mais tu as le pouls très agité.... un peu de fièvre, ça peut devenir sérieux, je vais prévenir....

— Edouard, Edouard, arrête, je t'en supplie, ça va beaucoup mieux; tiens, allons à la chasse.

— Mais il a le délire, le diable m'emporte.

Je ne te quitte pas; y penses-tu, à la chasse....
C'est fini, une fois qu'on tâte de la capitale,
adieu le tempérament..... Honoré, prends cette
ordonnance, va chez le premier apothicaire, il
te donnera une potion calmante.... Cours, Honoré, dépêche-toi. »

Je veux le retenir, mais il est déjà loin et
murmure tout bas : « C'est toujours là le refrain :
cours, dépêche-toi; mais cette fois c'est différent, il est vraiment malade. »

Je parviens, non sans peine, à persuader à
Edouard que mon état n'est nullement inquiétant, et le prie de m'accompagner chez un oncle
auquel j'avais promis de rendre une visite;
comme nous traversions une rue, nous aperçûmes Honoré courant de toutes ses jambes; il
tenait un flacon à la main, et répétait de temps
en temps : « Pourvu que cela lui fasse du bien. »

O vous qui aimez, vous qui avez l'espoir de
voir couronner votre amour, de combien de sen-

sations votre âme n'est-elle pas agitée jusqu'au moment où doit se réaliser votre bonheur! J'ai revu Eléonore.... c'est aux vrais amans à juger si je fus heureux dans les bras d'une femme que je ne chérissais pas moins que j'en étais aimé.

Nous touchons au jour qui doit ouvrir une carrière noble et glorieuse à l'homme dont le cœur s'émeut au nom de patrie : dès huit heures du matin une foule de jeunes conscrits, les chapeaux ornés de rubans, rangés en bataille, ayant à leur tête un tambour battant la marche, se rendent à la place de l'Hôtel-de-Ville, assignée pour le rendez-vous; la gaîté bruyante de ceux-ci forme un singulier contraste avec le désespoir d'une mère qui pleure sur le sort de son fils, d'une jeune fille qui réclame son amant; tandis qu'un père attend avec anxiété que le hasard ait fait sortir le *numéro* qui doit faire cesser ses inquiétudes ou prolonger sa douleur. Cependant, au milieu de cette agitation, il est facile de remarquer un jeune homme dont le calme et la tranquillité semblent hâter le moment décisif; il n'hésite pas à répondre aux questions qu'on lui fait; sa main est ferme lorsque, plongée dans le sac fatal, elle ne doit en sortir qu'avec le bulletin de sa destinée.... Un sourire vient effleurer ses lèvres.... son cœur bat avec force, son émotion est au comble : un cri lui échappe, c'est celui de *Vive la France!* Alphonse est soldat.

VII.

Arrivée au régiment. — Esquisse de l'adversité. —
L'amour à la hussarde. — Joigny.

Enfin le sort m'a donc favorisé, tous mes vœux sont exaucés, je suis militaire : la noble profession ! Il me tarde de me voir en uniforme; je ne dois pas être trop mal. Je ne sais pas encore lequel je prendrai, car j'ai l'avantage du choix, du moins on me l'a dit : je m'engage. Je n'ai pas vu ma mère ce matin; elle pleure sans doute; elle a bien tort. Pour moi, je ne saurais être triste : il est vrai que je suis homme, et que, dans la nouvelle carrière que je veux embrasser, il ne faut pas trop de sensibilité. Je viens de voir Eléonore, peut-être pour la dernière fois. Pauvre Eléonore! elle m'aime, il me peine de la quitter. Fils ingrat, tu regrettes ta maîtresse, et tu ne pleures pas ta mère! Allons, il n'y faut plus penser. Les femmes sont faibles, c'est dans la nature; elles pleurent à volonté, à ce que l'on prétend; ce qui fait qu'étant habituées à répandre des larmes, elles leur sont moins amères qu'à nous. Voyons, repassons en revue mes lettres de recommandation. « Honoré, demande à ma mère la clef du secrétaire, tu me l'apporteras. » *Lettres de recommandation!* il faut que je m'explique cela. En voici deux de M. de Clairefort, l'une adressée au colonel du 52e régiment de ligne, l'autre au chef du 3e bataillon du même régiment. Celle-ci est de M. Paquin, capitaine-trésorier aux chasseurs de la garde ; la suscription porte : *A M. le Colonel du 4ᵉ Chasseurs.* Je ne sais pourquoi ce mot *recommandé* ne me plaît pas; il a quelque chose qui touche à la faveur, qui est préjudiciable à ceux qui ne le sont pas, et qui blesse secrètement l'amour-propre de ceux qui le sont. Je n'ai point l'honneur de connaître les messieurs près desquels je le suis; et si ma conduite future n'allait point justifier ce que contiennent ces lettres? car enfin on ne peut répondre de rien; puis, en toutes circonstances, il me semble que le mérite seul doit suffire pour vous rendre recommandable; ces lettres ne serviront donc qu'à allumer le feu. « Qu'en dis-tu, Honoré?...

— Dame, Monsieur, je ne savons pas; il n'y a qu'à monsieur le curé que j'avons recommandé de prier Dieu pour deux sous, à l'intention de notre pauvre femme qui est morte depuis longtemps. Que le Seigneur veuille avoir son âme!

— Eh! bien, ne vas-tu pas pleurer aussi, maintenant?

— J' sommes sensible, monsieur Alphonse, et je préférerions vous voir aller je ne sais où, que de partir pour l'armée; vous dites tous les jours que vous voulez être libre, et vous vous engagez!

— C'est pour servir la liberté, mon ami.

— Mais si cette liberté-là allait vous déplaire par la suite. Dame, qui sait, ça c'est déjà vu. Et que deviendra l'argent que vous avez mis à la masse?

— Tu es fou, mon pauvre Honoré. On sonne, va donc ouvrir; c'est le facteur : qu'y a-t-il de nouveau?

— Tenez, Monsieur, une lettre; mais, pour Dieu, ne la jetez pas au feu avant de savoir ce qu'elle contient; elle coûte quinze sous de port.

— Qui peut m'écrire d'aussi loin? Timbre de

Neufbrisack; elle est de Louis. Quoi! il est militaire, dans le 1er régiment de hussards! Ce cher ami! Une idée.... si j'allais le retrouver; c'est joli les hussards : qu'en penses-tu, Honoré?

— Je n'avons jamais été jusque-là, Monsieur.

— C'est décidé, voilà mon régiment; je pars par la voiture de quatre heures. »

Il est trois heures et demie, je fais mes adieux. Comment se fait-il qu'Edouard ne soit pas venu me voir? Je passe chez lui, on me le dit à Courcelles; j'y suis allé ce matin, et ne l'y ai pas vu : il faut partir. Je me rends au bureau des diligences, le postillon fait claquer son fouet, les chevaux prennent le galop, et la voiture roule sur la route de l'Alsace.

Je ne donnerai pas l'itinéraire de la route que j'ai suivie : Montmirail me rappela de douloureux souvenirs, Vitry-le-Français excita ma reconnaissance, et le Champagne échauffa mon imagination. Je restai deux jours à Nanci, et voulant jouir des points de vue pittoresques qu'offrent les Vosges, je résolus de voyager à petites journées. J'avais souvent entendu parler des montagnes qui entourent Sainte-Marie-aux-Mines et séparent les Vosges de l'Alsace, dont le point de vue, pris de Vis-en-Haut, se prolonge dans les prairies de Fraise, et offre à l'œil du voyageur étonné une plaine immense de verdure, quelques maisons éparses, des bouquets de bois, autour desquels serpentent de limpides ruisseaux, dont la lumière réfléchie du soleil se perd dans l'horizon.

Les montagnes qui environnent Sainte-Marie-aux-Mines sont les plus élevées de l'Alsace; les murs d'un antique château bâti sur le sommet d'un rocher, attestent par leurs ruines combien leurs fondations remontent à des temps reculés. Si je dois m'en rapporter aux informations que j'ai prises, ce château n'est point habité depuis l'an 1400. Ce qui a vivement piqué ma curiosité, est l'eau qui descend en cascades de ses rochers, dont mille obstacles semblent en disputer le cours, va se perdre dans la plaine et arrose les prairies qui l'environnent.

Je me rappelle encore le jour où j'arrivai au régiment : j'étais parti de Colmar dans la matinée, il faisait beau temps, les montagnes de la Suisse étaient devant moi, et m'apparaissaient dans le lointain comme un nuage sinueux dont l'inégalité laisse apercevoir çà et là un intervalle bleuâtre ; je traverse la vallée de Wolgantz et arrive à Neufbrisack, où je m'informe sur-le-champ de mon ami de L.... Je ne fus pas peu surpris d'apprendre qu'il était en prison ; je voulus courir vers lui, l'embrasser et lui demander la cause de sa détention. Impossible, me dit-on ; vous ne pouvez le voir qu'à l'heure des repas ou à l'exercice des consignés, mot dont je ne comprenais pas l'acception. Quatre heures sonnent, c'est le moment où je puis aller le trouver ; je prie un hussard de me conduire vers lui ; nous traversons un étroit corridor, et là, dans une espèce de souterrain, il me montre du doigt la prison où est renfermé mon ami. Une inscription gravée sur la porte d'entrée, frappe ma vue et me donne un pénible pressentiment ; je ne sais qui y avait tracé ces deux vers :

« Que tu aies tort ou droit,
» Entre ici et tais-toi. »

Un homme de service vint ouvrir à ma prière ; il appelle Louis, qui bientôt est dans mes bras. Dans quel état le retrouvai-je ! Renfermé dans une étroite prison dont l'odeur fétide avait quelque chose de repoussant, un pantalon de grosse toile, une chemise sale et des sabots ! lui, pour qui la liberté dont il jouissait autrefois chez son père n'était pas suffisante, et pour qui Staub et Sakoski avaient épuisé leur art ! Je crus qu'il s'était rendu coupable de quelque crime. Quel fut mon étonnement lorsque j'appris que le motif de sa punition était d'avoir passé la nuit avec sa maîtresse ! Nous causâmes pendant quelque temps ensemble ; je lui demandai s'il n'avait aucune nouvelle de Jules. « J'en ai reçu ce matin, me dit-il en me présentant une lettre ; prends-en connaissance ; il est toujours le même. » En cet instant nous aperçûmes l'homme de service avec un trousseau de clefs, qui venait renfermer les prisonniers. « Ne puis-je pas, dis-je à Louis, demander à ton geôlier de t'accorder une heure de liberté ?

— Tais-toi, me répond-il ; garde-toi de nommer ainsi cet homme, c'est le brigadier de garde, il pourrait se fâcher de l'épithète.

— Je ne connais pas la gradation militaire, je m'excuserai près de lui ; quelles sont ses attributions ?

— Mon cher, un brigadier est parmi nous l'un des petits ressorts qui font mouvoir la machine, dont le colonel est le premier moteur. »

Le brigadier vint à nous, et me demanda en

mauvais français ce que j'attendais. « Je viens voir mon ami, lui répondis-je.

— C'est pour lui ne pas y être du tu blanche, fotre ami ; y avre quinze jurs de prison pour sa compte. C'est égal, si vu rester avec lui, je viendre vous faire sortir dans une houre.

— Je vous suis obligé, » lui répondis-je. Je m'éloignai en le remerciant de son aimable prévenance. C'est un singulier homme que ce brigadier. Je visitai la ville et ses fortifications, et me rappelant la lettre de Jules, j'en pris connaissance ; elle était ainsi conçue :

« Mon cher Louis, tu ne saurais croire com-
» bien ton départ me peine ; il me semble que
» je suis seul dans le monde ; il n'est plus pour
» moi de vrais plaisirs. En vérité, ce n'est pas
» bien, tu aurais dû m'habituer à une telle sépa-
» ration. Et toi, combien tu dois trouver de
» changement dans ta nouvelle position ; car
» quelles distractions peux-tu te procurer dans

» une aussi triste ville que Neufbrisack ? Mon
» plus cruel regret est de ne pouvoir être auprès
» de toi ; là, du moins, je partagerais le mau-
» vais sort de mon meilleur ami.

» Depuis ton départ, il m'est arrivé une aven-
» ture qui a failli devenir tragique. Je fus il y
» a quelque temps à une petite soirée chez M. le
» comte de R*** ; là, j'eus le bonheur de voir
» la plus jolie femme que tu puisses imaginer :
» beauté, grâces, tout chez elle est réuni ; à
» ces avantages dont la nature s'est plue à l'or-
» ner, elle joint encore une gaité vive et une
» conversation choisie qui la font rechercher de
» la plus belle société de Paris. J'eus l'inexpri-
» mable bonheur de l'entretenir un instant, et
» cet instant suffit pour m'enlever la liberté.
» Je passai la soirée dans le plus cruel état,
» pouvant à peine répondre par des monosyl-
» labes aux demandes qui m'étaient adressées.
» Je m'approchai du comte de R***, dans l'in-
» tention de connaître celle qui a ravi à mon
» cœur sa tranquillité ; il me fit savoir que c'était

» l'épouse du baron de L*** qui se trouvait
» parmi nous. A cette nouvelle je fus un peu
» déconcerté; j'aurais préféré qu'elle eût été
» libre. Oui, je te l'avouerai, j'étais tout-à-fait
» épris; mon imagination ardente se forgeait
» déjà d'heureuses chimères. Mon trouble ne
» dura pas long-temps, et je fus lier conversa-
» tion avec le baron de L***, qui en fut charmé,
» m'assurant qu'il avait entendu faire plusieurs
» fois mon éloge, et qu'il serait enchanté de
» faire connaissance avec moi; il poussa l'ama-
» bilité jusqu'à m'inviter à participer à la soirée
» qu'il devait rendre au comte. Je te laisse à
» penser combien fut grand mon étonnement;
» j'acceptai avec empressement. Enfin je me re-
» tirai fort tard chez moi, réfléchissant déjà
» aux apprêts de ma toilette et aux moyens de
» triompher de ma nouvelle divinité. Le jour
» tant désiré arrive, je me rends chez le baron;
» il habitait alors sa maison de campagne de
» Passy, et c'est là qu'il nous reçut. J'eus le
» bonheur d'admirer une seconde fois cette
» femme adorable; les soins qu'elle apportait

» à la réception des personnes invitées, avaient
» répandu sur sa figure angélique un coloris
» qui rehaussait encore sa beauté. Après une
» conversation assez suivie que j'eus avec elle,
» je m'aperçus que je ne lui étais pas indifférent;
» tu croiras facilement que je ne suis pas homme
» à laisser échapper une occasion aussi favo-
» rable. Bref, mon cher Louis, il fut convenu
» avec ma belle amante que je me rendrais chez
» elle deux jours après, m'assurant que son mari
» partait pour Tours le lendemain. Pauvres
» maris !

» Combien furent longs ces deux jours d'an-
» goisses ! que de châteaux n'ai-je pas bâtis !
» pour moi qui savourais déjà à longs traits des
» jouissances nouvelles : *une baronne !....* Que
» l'attente est cruelle ! En me rendant au rendez-
» vous de ma belle maîtresse, rendez-vous
» que dans mon impatience j'abrégeai de deux
» heures, je la trouvai dans le plus galant né-
» gligé, sortant du sanctuaire du repos, où je
» brûlais de goûter les jouissances infinies que

» procure l'amour ; mes désirs furent exaucés.
» Dans mon délire, je saisis ma victime et la
» dépose sur sa couche élégante, où après
» avoir épuisé toutes nos forces humaines,
» Morphée vint appesantir nos sens de ses pavots
» et nous plonger dans un oubli complet de
» nous-mêmes. Depuis, j'ai le bonheur de comp-
» ter la baronne au nombre de mes conquêtes ;
» mais l'incident qui m'est arrivé cette semaine
» m'a beaucoup refroidi. Me trouvant chez ma
» noble maîtresse, où je n'ai pas pour habitude
» de passer inutilement le temps, je fus surpris
» par le baron au moment où.... Epargne-moi
» le reste. Au résumé, M. de L*** prit la chose
» en homme du monde, il me donna un rendez-
» vous pour le lendemain au bois de Vincennes,
» où je promis de me rendre, et m'éloignai de
» son hôtel, bien décidé à ne pas y rentrer de
» si tôt. Je me rendis donc avec M. Delaporte,
» mon second, au bois de Vincennes, comptant
» bien avoir affaire à un rude adversaire. M. le
» baron de L*** est capitaine dans la garde
» royale. Nous arrivâmes les premiers ; mais

» nous ne tardâmes pas à être rejoints par le
» baron et son témoin ; il fut convenu que nous
» tirerions l'épée, et je n'en fus pas fâché. A
» peine eûmes-nous croisé le fer que je m'a-
» perçus que mon lâche adversaire pâlissait ;
» j'en profitai pour l'effrayer davantage, et
» j'y réussis ; il finit par laisser tomber l'arme
» de ses mains et se jeter dans mes bras, en
» accusant son épouse de son malheur, et mau-
» dissant le ciel de sa cruelle destinée. Enfin
» l'affaire se termina par un déjeûner au *Ban-*
» *quet d'Anacréon,* et nous nous séparâmes
» en nous jurant désormais une amitié réci-
» proque. »

Oui, mais il n'a tenu qu'à très peu de chose
que cette nouvelle preuve de physiologie lui
devînt funeste. Voilà cependant deux hommes
qui allaient se battre. Pourquoi ? pour un égoïsme
et sot préjugé ! Comprenons donc que la femme
n'est de propriété sacrée qu'à l'autel ; que ce
droit se perd souvent le jour des noces ; que,
pour les faveurs bannales dont elles sont avides

de nous rendre possesseurs, l'homme sage doit partout en user sans chercher en particulier à s'affranchir du sort commun réservé à tous les maris.

Je ne parlerai pas des premiers mois que je passai au régiment, ils furent entièrement consacrés à l'instruction; mon ardeur pour l'état militaire se ralentit un peu, lorsque, par un hiver froid et rigoureux, on nous faisait trotter en cercle pendant des heures qui me paraissaient bien longues. Je puis cependant assurer que ni mes exercices, ni les vexations souvent arbitraires que l'on éprouve, ne m'ont jamais fait regretter la liberté que je me suis volontairement ravie.

Une affaire correctionnelle m'appela en témoignage à Strasbourg; j'y visitai plusieurs édifices, entr'autres la cathédrale, que l'on cite à juste titre pour un chef-d'œuvre d'architecture. Jusque-là j'avais scrupuleusement observé une vie sobre; la ville presque déserte de Neufbrisack est peut-être le seul endroit où un soldat puisse se soumettre à un régime si exemplaire. Éléonore occupait encore toute ma pensée; mais mon cœur devait supporter une épreuve bien terrible, et je crois qu'il n'était guère possible d'y résister.

Mon séjour à Strasbourg était fixé à quinze jours; j'y choisis un logement assez modeste, dans une maison garnie peu éloignée de la place où je devais me rendre tous les jours jusqu'à celui fixé pour mon départ.

A côté de ma chambre et séparé par une simple cloison, était le boudoir de deux jeunes ouvrières qui, fatiguées du travail pénible de la journée et des complaisances du soir, venaient dans cet asile de tranquillité reposer leurs appas un peu surannés.

Un jour que j'écoutais la conversation de ces demoiselles, j'y reconnus, à mon grand étonnement, la voix d'un homme; et ce qui confirma mes soupçons, c'est qu'après avoir dit beaucoup de mots en allemand, que je ne compris pas, mais dont l'expression marquée me faisait assez connaître leur signification, des soupirs entrecoupés, des ah!..... ah!..... un cri échappé à la victime, annoncèrent que le sacrifice était consommé.

Cette scène se passait si près de moi, que mon lit fut ébranlé par les secousses multipliées que faisait le couple amoureux. Jusque-là je m'en étais assez amusé, et pourtant la volupté avait éveillé le désir, sinon de remplacer l'heureux mortel, au moins de partager sa bonne fortune avec l'une des deux amies ; je pensais qu'en lui faisant connaître mes projets, il pourrait les favoriser : j'étais prêt à aller le trouver, quand j'entendis qu'il se disposait à se retirer, ce qu'il fit avec précaution ; je le vis ouvrir doucement la porte, la fermer plus doucement encore, descendre pieds nus un étage plus bas, enfiler un long corridor, et lorsqu'il fut à l'extrémité, au moyen d'une corde se glisser dans la rue ; tout cela s'exécuta le plus lestement possible. Cependant en réfléchissant un peu, je pensai que je n'avais plus besoin de son retour pour me procurer des faveurs ; qu'en m'introduisant à sa place, je pouvais m'en acquitter tout aussi bien que lui ; j'avais tout lieu de croire qu'on avait laissé la porte demi-ouverte, dans la crainte probablement de faire du bruit en la fermant tout-à-fait : au pis-aller il ne me coûtait rien de m'en assurer ; je la poussai un peu, elle céda, et me voilà dans la chambre. L'obscurité qui y régnait me causait un nouvel embarras ; j'écoute, j'entends respirer ; à ce dernier indice je m'avance, ma main va toucher un lit.... On se fâche, on m'adresse mille questions que je ne comprends pas et auxquelles par conséquent je suis dispensé de répondre ; il en est de même lorsque je veux parler : alors je vois qu'il faut mettre la théorie de côté et employer la pratique ; on résiste encore, et ce n'est qu'après un combat opiniâtre que la victoire m'accorde le plus heureux succès.

Je tenais beaucoup à savoir laquelle des deux grisettes était la maîtresse de l'inconnu, et je n'étais point assez inhumain pour la préférer à celle qui jusqu'alors était restée neutre. Je me sentis capable de réparer ma faute, si toutefois je l'avais commise : la pauvre enfant prenait son mal en patience, et sitôt qu'elle s'aperçut de mes intentions, elle appela Marie; mais Marie se contentait de crier de temps en temps *Chut! chut!* Marie pensait comme moi; Marie avait raison et l'on sait pourquoi.... Je n'avançais pas vite en besogne, on me disputait le terrain pied à pied; d'abondantes larmes coulaient des yeux de la petite. « Hé! ma belle amie, vous êtes indomptable..... Otez donc votre main, mon ange..... Mais voyez comme elle est obstinée.... Allons, ne pleurez pas comme cela.... je ne veux pas vous faire de mal... Ah! c'est bon, m'y voilà pourtant.... Dieux! qu'elle a petit..... petit.... pied. »

O mon Éléonore, si tu avais vu ton coupable

amant, prodiguant ses caresses à une personne qui lui est inconnue, de combien de reproches ta bouche ne l'eût-elle pas accablé! combien ton cœur aurait souffert de cette indigne préférence.. Pardonne, ô mon amie! huit mois se sont écoulés depuis qu'il t'a quittée, et c'est la première fois.

Le jour me retrouva dans les bras de ma jolie conquête, que j'avais préférée, attendu que mademoiselle Marie avait un amant, qu'elle était moins aimable que sa compagne, et pour une autre raison que l'on appréciera sans doute, c'est que je crois avoir fait remarquer que celle-ci avait un petit pied.

Je quittai Strasbourg satisfait d'y être venu, et ce serait avec un véritable plaisir que j'y retournerais, si le hasard m'appelait dans ses murs.

Nous étions dans les derniers jours d'avril de 1830, lorsque le régiment reçut l'ordre de se rendre à Joigny. Ce trajet m'offrit encore quelques agrémens; mais cette fois je n'eus point à me reprocher de nouvelles infidélités.

De toutes les villes de la Bourgogne, après Dijon, Joigny est celle qui convient à la vie soldatesque : le vin y est bon, quelques femmes assez jolies; il est vrai que leur teint est un peu basané, mais, à cela près, Joigny présente une jolie campagne où tous les amusemens sont variés. Bâtie sur une pente assez rapide, les rues sont étroites, peu praticables; il en est même qui présentent assez de difficultés pour ne pouvoir y circuler ni en voitures ni à cheval; mais, en revanche, Joigny possède un joli port, de belles promenades et de charmans bosquets, dont le mystère fut toujours favorable aux amours.

A cette époque le régiment eut l'honneur d'être commandé par le Prince (duc de Chartres), qui, l'année précédente, lui avait déjà accordé la même faveur au camp de Lunéville. Il arrivait souvent qu'à la suite de nos exercices, se réunissant à nous, il partageait les rafraîchissemens préparés par ses ordres, nous parlait affectueusement, et aimait, disait-il, à se trouver au sein de sa famille militaire. Ces paroles, prononcées avec abandon, avaient un air de franchise que la conduite du Prince n'a point démentie jusqu'à ce jour.

VIII.

Un mot sur la révolution. — M. Lelong. — La fruitière obligeante. — Le rendez-vous.

La France touchait à la veille d'un bouleversement général; le dieu des révolutions, porté sur les ailes de la liberté, prit son essor et s'arrêta sur les tours de Notre-Dame. Le trône en fut ébranlé jusque dans ses fondemens; le peuple triompha d'un roi faible et bigot, que de perfides ministres entraînèrent à sa perte.

La déesse aux cent voix proclame partout la révolution ; un prince déjà cher aux cœurs des Français, acquiert de nouveaux droits à leur estime, et rend à la nation étonnée les nobles couleurs, emblème de la liberté, devant lesquelles je m'incline.

Les journées de juillet ont donné lieu à un cours d'événemens si rapide, qu'il n'est pas encore permis d'en prévoir le résultat. Trois jours ont suffi pour établir le nouveau pouvoir : combien lui en faudra-t-il pour se consolider ?

Il y avait deux mois que le régiment était commandé par le duc de Chartres, depuis duc d'Orléans; la ville de Joigny, heureuse de posséder le prince qui fait encore aujourd'hui notre admiration, lui offrit un drapeau tricolore; celle de Melun en offrit un autre, et ce fut avec ces glorieux étendards, à la tête des braves qui lui sont dévoués, qu'il fit son entrée dans la capitale du monde civilisé.

Ce n'était pas peu de chose pour moi que de me retrouver à Paris; tout me rappelait les circonstances qui avaient fait le charme des quatre années que j'y avais précédemment passées; j'y retrouvai mes amis.

Un jour que je traversais le Louvre, je rencontrai un vieux chef de bureau que j'avais connu autrefois, je lui sautai au cou. « Mais je ne me trompe pas, me dit-il, c'est Alphonse B.,...

— Lui-même, mon cher Lelong, lui-même.

— Je t'assure que je ne t'aurais pas reconnu... l'uniforme, vois-tu, ça change l'homme; c'est comme les révolutions.... Il est vrai que ça ne fait pas autant de vacarme.

— Comment me trouvez-vous ?

— Pas mal comme ça.

— C'est-à-dire qu'il y a mieux.

— Nous ne pouvons rester ici, répliqua-t-il, car j'ai oublié mon ruban tricolore, et cette canaille-là pourrait s'en formaliser ; entrons dans ce café. »

La réflexion du vieux bureaucrate me surprit un peu ; il me fit observer le petit groupe qu'il avait qualifié de canaille, et comme nous entrions au café, j'entendis dire à l'un de ces messieurs : « *Vois-tu comme il se la courre.*

— *Il fait bien*, repartit un autre, *car mesygues allait rabouller sur son orgue.* »

C'est un charmant garçon que M. Lelong, mais il ne faut pas parler de révolution devant lui, par exemple ; c'est un antagoniste acharné contre les principes libéraux; il ne connaît que sa soi-disant légitimité; il ne lit de journaux que *la Gazette*, *l'Etoile* et *la Quotidienne*; si par mégarde on lui présente *le Constitutionnel* ou *le Courrier-Français*, il en a la migraine pendant quinze jours. « Crois-tu y gagner beaucoup à la révolution ? Va, mon ami, la liberté n'est qu'un mot que le peuple évoque, sans en connaître ni en goûter le véritable sens; la frivolité l'emporte un moment, mais elle n'effacera jamais la splendeur de tant de siècles voués à la postérité !.... Il y a trop de monde ici, ajouta-t-il plus bas; viens chez moi, et je t'en dirai là-dessus.....

— Plus que je ne veux en savoir, monsieur Lelong; au revoir. » Lorsque je sortis, un des hommes dont j'ai parlé dit : « J'étais bien sûr que ce houzard-là ne resterait pas long-temps avec ce Polignac. » Je continuai mon chemin.

L'ex-famille royale avait fui, obligée de chercher, sur une terre étrangère, un abri hospitalier; mais un parti nombreux s'agitait encore en sa faveur, et dans l'ombre fomentait des guerres intestines. Nous avons vu un ministre de la religion braver les lois, et célébrer solennellement l'anniversaire du duc de Bordeaux; plus tard, n'a-t-on pas vu ces mêmes séditieux s'identifier jusque dans la confiance des juges chargés de prononcer sur le sort de ces odieux ministres, dont l'administration déplorable plongea la France dans le deuil; nous-mêmes, pendant la durée du service que nous fîmes à Paris, n'avons-nous pas été obligés d'employer des rigueurs devenues salutaires, d'opposer la force à la force; et ne voit-on pas encore tous les jours ces hordes de brigands parcourir la Vendée, y porter l'anarchie en même temps qu'ils y proclament la légitimité?.... Espérons qu'un tel état de choses ne durera pas long-temps; mais en attendant qui en souffrira, qui se fera écraser par les ennemis du gouvernement? c'est le soldat. Qui, pendant une mauvaise saison, ira du nord au midi pour apaiser les troubles de Lyon? c'est encore le soldat; toujours et toujours le soldat. Et pour prix de ses services, qu'espère-t-il? qu'un prince équitable, ennemi de la flatterie, sache ne récompenser que le vrai mérite.

Mais je vois que je m'écarte du but que je me suis proposé ; revenons-y, je pourrais émettre ici une opinion que la suite des circonstances me forcerait peut-être à rétracter.

Si c'est un défaut de s'enflammer la première fois que l'on voit une femme jeune, jolie, qui nous convient, et qu'un penchant irrésistible nous porte insensiblement à s'en faire aimer ; si c'est là un défaut, dis-je, je le possède en entier ; dussé-je ne trouver qu'un petit minois chiffonné, si ce petit minois flatte agréablement mes sens, me voilà pris, je ne le quitte plus qu'il n'ait capitulé.

Combien j'aime à me rappeler ces lieux où, pour la première fois, les yeux de Lucie m'apprirent, par un regard tendre, que je ne lui étais pas indifférent; dépositaires de nos amours, ils m'ouvrirent le chemin du bonheur; Lucie me le procura. Ce n'est pas assez que deux jolis yeux vous disent qu'on est aimé, l'amour exige davantage et se plaît quelquefois à se jouer des difficultés qu'on lui oppose; il s'en applaudit même lorsque, parvenu au but de ses désirs, son triomphe lui rappelle tant d'obstacles surmontés.

Une jeune fille de quinze ans ne trompe pas encore facilement la surveillance maternelle; son cœur ne connaît que son amant, l'amour qu'il lui inspire la séduit d'abord, mais finit toujours par la plonger dans une tendre mélancolie qui échappe rarement à la sagacité d'une mère.

Au-dessous de l'appartement occupé par madame de Lécourt (nom que portait la mère de Lucie), demeurait une fruitière, femme indispensable pour favoriser mes projets; un prétexte supposé m'ouvrit sa porte, et comme toutes les fruitières sont avides de nouvelles; je lui en débitais pas mal de mon invention; en peu de jours je fus au courant de tout ce qui se passait dans le quartier, choses qui m'étaient fort indifférentes, mais auxquelles je devais nécessairement prêter mon attention. Pour ce qui a rapport à madame de Lécourt, j'appris que, veuve depuis long-temps d'un colonel d'état-major, elle avait habité Versailles, et n'avait fixé sa résidence à Paris que pour se rapprocher d'un fils qui servait, avant la révolution, aux gardes-du-corps; que depuis, ce fils, ayant été promu au grade de capitaine dans un régiment de cuirassiers, avait reçu l'ordre de s'y rendre tout récemment; que madame de Lécourt, cédant à l'invitation de sa bru, se disposait à la rejoindre dans une maison de campagne peu éloignée de la capitale; et qu'enfin Lucie devait immédiatement retourner en pension, d'où elle ne s'était absentée que par égard au départ imprévu de son frère. Abstraction faite de tous ces renseignemens, je trouvai Thérèse toute disposée à m'obliger; elle consentit à remettre secrètement une lettre à Lucie; c'était plus que je n'avais osé espérer; il n'y avait pas de temps à perdre, en amour le temps perdu ne se retrouve jamais.

Notre sécurité ne devait pas durer long-temps; une lettre tombée entre les mains de madame de Lécourt, lui apprit bientôt les liaisons qui existaient entre moi et sa fille; la pauvre Lucie, tremblante, lui avoua les sentimens que j'avais fait naître en son cœur, et par quelle entremise elle recevait mes lettres. La mauvaise humeur de Mme de Lécourt retomba sur la fruitière; mais celle-ci, qui n'était obligée en aucune manière de la supporter, soutint hardiment que mes intentions n'étaient rien moins qu'honnêtes; qu'il était permis à un jeune homme comme il faut, d'avouer à une jeune demoiselle les bons sentimens dont il se sent pénétré; qu'elle m'avait toujours considéré sous ce point de vue.

« Oui, interrompit madame de Lécourt, je suis persuadée qu'ils sont bons ses sentimens;

ce serait la première fois qu'un hussard en aurait. Non, Madame, non, cela n'est pas possible, et puisque ce monsieur vous a chargée des communications, veuillez lui dire que j'irai le trouver à sa chambre.... je veux lui ôter l'envie de séduire les jeunes filles ; et quant à Lucie, je vais la reconduire en pension. »

On pense bien que je n'étais pas du tout préparé à une telle réception ; j'écrivis sur-le-champ à madame de Lécourt les motifs qui m'empêchaient de la recevoir ; et que si elle tenait tant à me parler, j'étais prêt à l'entendre en tel endroit qu'il lui plairait de m'indiquer. Pour toute réponse, je reçus l'invitation de me rendre le soir même, à cinq heures, sur l'esplanade des Invalides. J'y fus exact; peu de temps après madame de Lécourt s'y rendit; nous remontâmes la grande avenue, et la conversation suivante s'engagea.

« Vous trouverez sans doute étrange, Monsieur, la démarche que je fais ici; elle semble autoriser, en quelque sorte, votre conduite à l'égard de ma fille; je ne m'y serais pas rendue si je n'eusse remarqué en vous des sentimens remplis d'honneur, mais qui sont un peu déplacés dans la position où vous vous trouvez.

— Alors, Madame, si vous les trouvez déplacés, il était fort inutile de venir tout exprès ici me le dire.

— L'intérêt de ma fille exige, Monsieur, qu'elle cesse à l'instant d'écouter les perfides insinuations d'un étranger capable d'abuser de son inexpérience. Feu mon mari, le baron de Lécourt, était colonel d'état-major, et....

— Ah! Madame, c'est différent; moi, mon père est meunier. (La baronne fit une grimace.)

— J'ai mon fils, dit-elle, qui est capitaine de cavalerie, et il serait fâché que sa sœur....

— Moi, Madame, j'ai un oncle qui est procureur.

— Cela vous fait honneur, Monsieur.

— Tout l'honneur est pour mon oncle. Je vois que Madame tient aux préjugés; j'en suis en conscience fâché, car cela ne diminuera en rien l'amour que j'ai pour mademoiselle Lucie.

— J'espère, Monsieur, que sans mon aveu.....

— C'est tout comme si je l'avais, Madame; j'ai bien l'honneur de vous saluer. » Et je laisse madame de Lécourt étonnée de ma sortie un peu brusque. Je me hâtai de retourner vers Lucie, et sans lui donner le temps de m'adresser aucune question : « Ma chère Lucie, lui dis-je, ta mère vient de mettre le comble à mon malheur, elle veut que je renonce à toi, elle m'a fait insulte; je l'ai souffert pour toi, Lucie, et bientôt on va t'enlever à mon amour pour te renfermer dans une pension..... Tu pleures : dis-moi que tu m'aimes encore; ah! jure-moi de ne m'oublier jamais, et je trouverai les moyens de détourner le coup qui nous menace..... Adieu, ta mère me suit, je veux qu'elle ignore notre entrevue..... ce soir tu recevras un billet. »

Je ne savais trop comment m'acquitter de la promesse que je venais de faire à Lucie; quelques heures de retard pouvaient sensiblement déranger le plan que j'avais formé; le lendemain était fixé pour son départ, et peut-être qu'une fois absente, Lucie aurait bien pu m'oublier, comme cela arrive ordinairement. Thérèse était le seul ressort que je pusse faire agir; je me rendis chez elle. « Il faut, lui dis-je, que vous me rendiez un dernier service.

— Autant que vous voudrez, mon enfant. » Et après lui avoir exposé ce qui s'était passé entre la baronne et moi, je la priai de se rendre tout de suite chez Mme de Lécourt, de trouver les moyens de parler à Lucie, et d'éviter surtout que sa mère s'aperçût du principal objet de sa démarche.

« Il faut, me dit-elle, que je trouve quelques *menteries* à lui conter pour cela.

— Portez-lui ce panier de fraises, Thérèse; vous lui direz que vous lui faites ce cadeau avant son départ, en voici l'argent. » Cette bonne femme exécuta de point en point ce dont je l'avais chargée, et parvint, avec un peu d'adresse, à glisser entre les mains de Lucie le billet que je lui avais confié; en se conformant entièrement à son contenu, ma jolie maîtresse feignit d'avoir la fièvre, et, sous cette fausse apparence, retarda l'instant qui devait nous séparer. Cet état inquiétant pour la baronne se prolongea encore quelques jours; le nom d'Alphonse venait à chaque instant expirer sur les lèvres de la malade. Mme de Lécourt aimait sa fille, ma présence devenait indispensable au rétablissement de sa santé; à part les préjugés dont elle s'était prévalue, elle me demanda un second entretien.

Nous avions des torts à nous reprocher; mais

Mme de Lécourt avait besoin de moi, elle voulut s'excuser ; je l'assurai que je me ferais toujours un véritable plaisir de l'obliger. Les jours suivans je m'y rendis de nouveau ; l'état de ma jolie malade était visiblement amélioré, et nous fit espérer une prompte convalescence qui nous la rendit à la santé. Que Lucie était belle! que j'étais amoureux! Mais comment la baronne pouvait-elle s'acquitter envers moi, si ce n'est en agréant mes visites.

Etre heureux à force de soins, acheter son bonheur, le considérer avant qu'il soit arrivé, le faire éclore, c'est ce que l'amour a de plus précieux ; j'étais aimé, j'en avais reçu les plus douces preuves.

Paris était pour moi un nouvel Eden, j'en savourais toutes les jouissances.... mais le bonheur ne suffit point à l'homme ; mon imagination me rappelait des souvenirs qui m'étaient encore chers, et l'illusion, toujours prête à les embellir, me les faisait regretter. Ce malaise n'échappa pas à mon amie, dont les attentions me rendaient quelquefois ma première gaîté ; ces momens étaient courts, ceux que l'ennui dévore touchent à l'éternité.

Je n'avais aucune nouvelle d'Édouard ; Éléonore même m'avait oublié...... Devais-je m'en plaindre ? Non, l'amant qui trompe ne peut accuser sa maîtresse, sa conscience l'absout.

IX.

La comtesse de R*** — Reproches. — Un sacrifice.
— Consolations. — Départ pour la Belgique.

« Savez-vous, me dit un jour Mme de Lécourt, que vous êtes un peu étourdi, mon cher Alphonse ; non, ce n'est pas votre faute, je le sais ; mais vous brusquez un peu trop vos actions. Hier encore vous vouliez que ce Monsieur qui est venu me voir, eût des prétentions sur Lucie : comment, grand sot, ne vous êtes-vous pas aperçu que c'était une femme déguisée ?

—Je vous remercie du compliment, Madame.

— Ne vous ai-je pas défendu de m'appeler *Madame?* ne suis-je plus votre belle maman? » Je l'embrassai en lui demandant quel était ce Monsieur. « C'est un secret, me dit-elle; mais si vous me promettez de le taire.... » Je le lui promis. « Eh bien! mon cher, c'est Mlle de Saint-Léger, épouse du vieux comte de R***. Comme son très honoré mari est infirme, elle a un amant, jeune, bien fait, et c'est à l'aide de ce déguisement qu'elle paraît dans le monde sous le titre de son ami. Quand vous la verrez, au moins n'allez pas nous trahir.

— Mais maman, dit Lucie, M. Alphonse n'a pas besoin de connaître cette dame. » En ce moment la voix nasillarde du concierge se fit entendre dans l'antichambre, Mme de Lécourt fut au-devant de lui, et revint bientôt tenant un papier à la main.

« Tiens, Lucie, c'est à toi que ce billet est adressé.

—Oh! mon Dieu, maman, je sais ce que c'est; je suis sûre que ma cousine se trouvant indisposée, elle me fait des reproches de ne pas avoir été la voir. (*Lisant.*) Positivement c'est cela ; j'irai demain, » et Lucie vient s'asseoir sur mes genoux ; Mme de Lécourt en parut fâchée. « Mais ma fille, dit-elle, si ta cousine est bien mal, je suis persuadée que monsieur Alphonse ne trouvera pas mauvais....

— Non, ma belle maman. Sans doute, mon amie, dis-je à Lucie, il ne faut pas différer puisque maman le veut. » Puis j'ajoutai tout bas : « Ne sois pas long-temps. » Lucie me quitta à regret, fit un peu de toilette et partit.

La baronne vit avec satisfaction l'obéissance de sa fille, l'accompagna jusqu'à la porte, la ferma avec précaution, et me lançant un regard sévère : « Nous sommes seuls, me dit-elle.

— Oui, ma belle maman ; » et je la vis aller, venir, s'arrêter, me regarder ; tout cela me paraissait assez singulier; enfin s'approchant d'une petite commode, elle en sortit une lettre, et me dit en me la présentant : « Connaissez-vous cette écriture, monsieur Alphonse?

— Ciel! une lettre d'Éléonore! par quel hasard?... » Je n'en pus dire davantage, j'étais anéanti; je ne pouvais concevoir comment une lettre que j'avais reçue la veille était tombée en ses mains.

« Eh! bien, Monsieur, vous ne voulez pas reconnaître cette lettre?

— Ma belle maman, épargnez-moi; c'est une... c'est.....

— Achevez, Monsieur; allons, c'est une... » Puis se rapprochant de moi : « C'est une femme mariée, ajouta-t-elle avec malice; vous voudrez bien, Monsieur, m'en donner lecture.

— Ah! ma belle maman, y pensez-vous!

— Je l'exige, Monsieur, et ce n'est qu'à cette condition que vous trouverez votre excuse. »

J'eus beau m'expliquer, la baronne resta inexorable ; je craignais qu'en prolongeant cette scène Lucie ne revînt, je pris la lettre et j'y lus :

« Si je romps le vœu que j'ai fait de ne plus
» vous écrire, c'est pour vous accabler de re-
» proches. Voilà donc la conduite de celui qui
» osa se dire mon ami! voilà donc celui qui me
» traita d'inconstante! Ah! que n'en accusiez-
» vous que vous seul ; oui, vous seul, vous
» méritez ce nom et bien d'autres encore que je
» tais. Pourquoi nourrissiez-vous en moi l'es-
» poir de vous posséder sous peu, si vous n'aviez
» pas l'intention de remplir vos promesses; tout
» cela était sans doute pour me prouver votre
» prétendue amitié. Jusqu'ici, cependant, je
» vous avais distingué de ces hommes faux et
» trompeurs; aujourd'hui je ne sais si je dois
» faire exception, ou vous confondre parmi

» eux. Un sentiment intérieur me dit que je
» vous aime plus qu'aucun mortel, et pour-
» tant me voilà privée pour toujours du plaisir
» de vous voir : il faut donc que je vous dise
» un éternel adieu!... Que je trace ces mots avec
» peine. Si vous daignez me répondre, faites-le
» tout de suite, et adressez, comme par le passé,
» vos lettres à votre maman; ou, si le souvenir
» d'Éléonore règne encore sur votre cœur, ve-
» nez vous-même.... Mais que dis-je? insensée
» que je suis! pourquoi m'entretenir de cette
» idée? S'il en eût été ainsi, aurais-je besoin
» de me plaindre! n'aurait-on pas profité du
» moment de tranquillité dont nous jouissons,
» et du peu de distance qui nous sépare, pour
» me procurer ce plaisir! Enfin, plus je réfléchis,
» plus je m'alarme, et je me dis : c'en est fait,
» j'ai tout perdu!...

» Je vous pardonne votre inconstance et votre
» infidélité; je sens très bien que mon amitié ne
» pouvait vous suffire, à votre âge; mais au
» moins s'il vous arrive de penser à moi, dites

» elle m'aime, me chérit et me souhaite toutes
» sortes de bonheur et de prospérité..... Oui,
» aimable Alphonse, jamais je n'oublierai les
» doux instans que j'ai passés près de vous ! Et,
» revenu des erreurs du jeune âge, si celle que
» vous avez appelée à juste titre l'amie de votre
» cœur, y conserve encore quelques droits, ah !
» ne craignez pas de vous jeter dans ses bras ;
» venez ! heureuse de vous posséder, Éléonore
» n'aura plus rien à désirer. Adieu ! »

« Voilà, ma belle maman.

— Bien, Monsieur ; mais il reste un *post-scriptum* ?

— C'est peu de chose, maman.

—Continuez, Alphonse, » me dit la baronne attendrie.

P.-S. « Adieu, je vous quitte à regret ; j'es-
» père que vous voudrez bien oublier un instant

» vos nouvelles connaissances pour me donner
» de vos nouvelles. Adieu!... adieu!... »

Mme de Lécourt était vivement émue, une larme était prête à couler ; je crus que le moment était venu de conclure la paix : je la pris dans mes bras et l'embrassai vingt fois, en la suppliant de ne point en instruire Lucie. « Vous voyez, lui dis-je, je l'ai connue avant Lucie, et c'est pour elle que je l'ai quittée.

— Mauvais sujet, me dit-elle, comme tu abandonneras ma Lucie pour une autre.

— Ah! Maman! » et je l'embrassai de nouveau ; la baronne répondait assez à mes baisers, et, malgré ses quarante ans, si elle n'eût point été la mère de Lucie.... Tout-à-coup elle s'arrache de mes bras et paraît réfléchir. « Alphonse, laisse-moi, je ne t'aime plus, tu es un méchant!....

— Pourquoi, ma belle maman ? lui dis-je en l'asseyant sur mes genoux.

— Ah! je t'en supplie, mon ami, ne joue pas comme ça, tu me rends malheureuse. Alphonse, ôte ta main.... ôte donc ta main, tu me donnes la chair de poule..... Alphonse, finis, je t'en conjure. » Et Alphonse ne finissait pas ; il tenait sa belle maman dans ses bras.... qui, la bouche entr'ouverte et embellie d'un sourire; de ce sourire divin interprète de l'âme, vous peint tout ce qu'elle sent et tout ce qu'elle désire. Sa bouche ne laissait échapper que des soupirs confus, qui tour-à-tour faisaient éclore et disparaître un sein d'albâtre.... Je cédai aux attaques violentes que tant de charmes portaient à mon cœur; le sien en désordre par ses palpitations, semblait vouloir précipiter les coups qui devaient l'immoler.

« Ah! monstre! dit M.me de Lécourt.

— Merci, ma belle maman, » que je n'avais pas rendue malheureuse et dont la chair de poule était passée.

« Ah! mon ami, comment la mère et la fille!

— Est-ce ma faute, à moi, belle maman ?

— Tu es bien hardi, par exemple ! c'est la mienne peut-être ?... Mais cette pauvre Éléonore !... Il faut lui écrire, mon ami; non pour lui faire entendre que tu l'aimes encore, car je te ferais une scène.... Dis-lui que les circonstances.... Il est si cruel d'aimer un ingrat !... Mais voyez donc comme il m'a arrangée; allons, ne va pas recommencer.

— Si cela nous fait plaisir à tous deux, ma belle maman.

— Es-tu fou ? Lucie peut rentrer, et que penserait-elle en me voyant dans cet état ? »

La baronne avait raison; peu d'instans après Lucie revint et sauta de joie en me retrouvant.

Cependant les réflexions que je faisais sur ma conduite m'affligeaient beaucoup, car je ne m'étais pas trompé, la baronne m'aimait : maîtresse de mon secret, elle s'en servirait toutes les fois qu'elle voudrait le faire tourner à son avantage. Cette passion de l'amour que j'avais rallumée dans son sein, j'en étais la première victime ; et mon amour pour Lucie, je devais le sacrifier dans les bras de sa mère, que je n'aimais que par rapport à elle. D'un côté, si j'avais prévenu les intentions de Mme de Lécourt, ce n'était que pour me soustraire aux conséquences fâcheuses qu'elle aurait pu tirer de la fatale lettre dont elle s'était emparée, et mon l'amour qu'elle m'avait inspiré. Mais Lucie ! devais-je la rendre dupe de l'artifice de sa mère, cette jeune fille si simple, qui s'alarmait à la seule idée que je pusse la tromper ! Lucie qui m'aimait, qui m'en avait donné tant de preuves, qui m'avait juré cent fois de ne vivre que pour moi ; quel coup allait porter à son cœur ce fatal aveu ! Non, Lucie ; non, mon aimable amie, je ne causerai pas ton désespoir, tu ignoreras les coupables liaisons de ton amant, et si tes larmes vont couler, ce ne sera pas pour lui reprocher son ingratitude ! Lucie ! Lucie !, tu ne connais pas encore ton malheur ! Reste, tendre amie, dans cette douce quiétude dont jouit une amante qui se croit aimée ; et si un jour.... ah ! puisses-tu oublier que je fus indigne de toi !

Soit distraction, ou que les réflexions auxquelles j'étais livré m'aient fait prendre un chemin contraire, chose qui arrive quelquefois, au lieu de retourner rue Belle-Chasse, je me trouvai sans y penser devant le quai d'Orçay ; je m'arrêtai un instant, comme honteux de ma méprise, et j'allais retourner sur mes pas, lorsqu'un bruit confus et un chuchotement de voix attirèrent mon attention vers l'endroit d'où venait ce bruit ; je m'y rends pour en connaître la cause ; et, à mon grand étonnement, je trouve le régiment assemblé ; je m'informe, j'interroge, et j'obtiens, pour toute réponse, que le Prince est là. La curiosité est peinte sur chaque visage ; l'inquiétude, l'espoir se succèdent, et chacun attend avec anxiété que l'on fasse cesser un mystère qui bientôt est éclairci.

Le prince paraît; son air noble, et gracieux, sa démarche fière et imposante, commandent le respect; le plus profond silence règne, l'attention redouble, il se place au centre des braves qui l'entourent, et, après un moment de pause, il s'exprime ainsi :

« Au mépris des traités, le roi de Hollande
» vient de rompre la paix, un peuple malheureux
» réclame notre appui. Hussards, devant nous
» est la Belgique; là sont des ennemis de la
» France et de la liberté!... Jurons tous de n'en
» sortir qu'avec honneur, ou d'y mourir avec
» gloire. »

Chacun est électrisé, les cris mille fois répétés de *vive le Roi! vive la France! vive la liberté!* se confondent ensemble, l'enthousiasme est au comble; on se cherche, on s'embrasse, on se serre la main, et, pendant les préparatifs du départ, les cris de *vive la liberté!* se font encore entendre par cette pépinière de jeunes soldats avides de gloire.

Le prince partit le même soir pour Bruxelles; notre départ fut fixé au lendemain; j'employai le peu d'instans qui me restaient à rendre visite à quelques amis; il en est une que j'aurais bien voulu éviter; mais comment partir sans voir Lucie, sans lui dire adieu; c'eût été payer son amour par une ingratitude sans exemple, et, pour être franc, je puis dire que je l'aimais trop pour en agir ainsi.

J'arrivai chez madame de Lécourt; j'y étais d'autant moins attendu, qu'à peine une heure s'était écoulée depuis que je l'avais quittée; Lucie avait un livre à la main et en feuilletait quelques pages; soit qu'en ce moment ma figure portât l'empreinte de mon agitation, soit pressentiment, Lucie laissa tomber le livre et vint me demander en tremblant ce que j'avais; il était difficile de le lui cacher, mon trouble annonçait une position insupportable; l'aimable enfant s'empara d'une de mes mains, tandis que la sienne s'était glissée comme involontairement à mon cou. « Ah ! mon ami, s'écria-t-elle d'une voix suppliante, quelle que soit l'affreuse vérité que je doive redouter, l'inquiétude est pire que la mort.... Parle, Alphonse, je suis préparée à tout entendre.... Parle, je t'en conjure....

—Ma bonne amie, je reviendrai.

—Ah ! j'entends, tu vas me quitter.

—Où allez-vous? interrompit Mme de Lécourt.

—Le régiment a reçu l'ordre de se rendre en...

—Achève, me dit Lucie avec impatience.

—Ma bonne Lucie, ne t'alarme pas comme ça, je te promets que je reviendrai.

—Où vas-tu? répéta-t-elle. » Je le lui appris.

Lucie ne trouva point de larmes à répandre, un soupir étouffé s'échappa de sa poitrine, une sueur froide coulait de son front décoloré;

c'était en vain que je lui prodiguais mes soins, elle ne m'entendait plus….Mme de Lécourt était vivement affligée ; mais l'état de sa fille exigeait de prompts secours ; on courut chercher un médecin, et, malgré nos soins, Lucie était encore évanouie lorsque le docteur entra ; il ordonna de porter la malade sur un lit et commanda un repos absolu. Je déposai un dernier baiser sur cette bouche angélique, et dis adieu au séjour qui me l'avait rendue si chère.

X.

Envahissement. — Halte militaire. — Arrivée à Bruxelles. — L'Hôpital de Louvain. — Waterloo. — L'Auberge du Lion-Belge.

Paris est déjà loin, et ce n'est pas sans avoir reçu de nouveaux témoignages de satisfaction que nous quittâmes cette grande ville. Nous devions séjourner à Laon, mais un ordre contraire nous obligea à continuer ; un courrier du prince nous apprit combien nous étions attendus et désirés avec impatience ; les Belges étaient repoussés, et les Hollandais, victorieux mais barbares, laissaient sur leur passage la terreur et la dévastation.

Il serait difficile de peindre l'ardeur dont nous étions animés ; loin de se plaindre d'une marche pénible à laquelle nous étions assujettis, chacun redoublait de zèle et semblait, par cette noble conduite, s'encourager les uns les autres. La frontière s'offre bientôt à nos regards ; le colonel, par une brillante allocution remplie d'éloquence, rappelle à chaque soldat que de sa conduite dépend la gloire qu'il peut acquérir dans une armée où tout Français est un héros.

Mons est devant nous, les ponts-levis s'abaissent, et les eaux qui baignent ses remparts, forment des ondulations en hommage à la liberté ; les portes roulent sur d'énormes gonds, nous traversons la ville, bénis par un peuple qui voit en nous ses libérateurs.

Sur la route qui conduit de Mons à Bruxelles, nous rencontrâmes des gardes civiques fuyant le lieu du carnage pour en garantir leurs familles. « L'ennemi est là! » disaient-ils. Et des femmes, des enfans, des vieillards abandonnaient leurs foyers, n'y trouvant plus de sécurité ni aucun abri contre la fureur de leurs farouches oppresseurs. Une journée fatigante nous obligea à faire halte à un petit bourg nommé Hall, situé à six milles en avant de Bruxelles. Là, une prairie nous offrit sa bienfaisante fraîcheur, et les arbres qui l'entouraient nous garantirent de l'ardeur d'un soleil brûlant.

La nuit commençait à étendre ses ombres sur la cime des monts, et d'épaisses vapeurs marquaient au loin le lit sinueux du fleuve, où depuis une heure le soleil a cessé de réfléchir, lorsque nous recevons l'ordre de nous rendre en toute hâte à Bruxelles; les chants cessent, on n'entend plus que le cliquetis des armes et le hennissement des chevaux, qui, répétés au loin, attestent que la nature n'est point isolée.

On marchait en silence ; l'illusion que les circonstances faisaient naître, mon cœur aimait à se la représenter sous des auspices favorables ; mon amour-propre était flatté de saisir l'occasion d'acquérir un peu de gloire, si nécessaire à la considération d'un soldat ; l'obscurité de la nuit prêtait à mon imagination exaltée un chaos d'idées fantastiques, dont la confusion ne me laisse même pas saisir le sens : semblable à un songe qui donne à notre âme la douce persuasion du bonheur, mais ne se prolonge qu'autant que notre sommeil n'est pas interrompu.

Onze heures venaient de sonner quand les cris de la sentinelle placée sous les murs, nous apprirent que nous touchions à la ville. Belges, un peuple aussi brave, mais plus malheureux que vous, avait aussi de justes droits à notre intervention ; il l'avait réclamée ; comme vous il nous eût appelés ses frères et proclamés ses libérateurs. Reportant nos pensées vers de glorieux souvenirs, sa délivrance eût acquitté la dette que l'humanité impose, et aurait ajouté une nouvelle palme à l'immortalité; mais c'est au nom même de cette humanité qu'une politique barbare l'a rayé des nations civilisées ; que son sang a rougi la Vistule, et que les déserts de l'affreuse Sybérie se sont peuplés de ses débris. Ah! que celui qui possède un noble sentiment, tourne ses regards vers la Pologne ! et là, fier de l'exemple de ses héros, qu'il foule aux pieds les tyrans pour y conquérir la liberté.

Malgré l'heure avancée de la nuit, une foule immense se portait à notre rencontre, la ville était illuminée ; elle présentait l'aspect d'une vigoureuse résistance ; les routes de Namur et de Louvain étaient garnies de canons prêts à vomir la mort ; les cris de *vivent les Français! vivent les Hussards!* se font continuellement entendre; chaque habitant, jaloux de courir au-devant de nos besoins, se fait un devoir de les prévenir; et si la joie qu'ils éprouvent est quelquefois comprimée, ce n'est que pour se livrer à la crainte que la journée du lendemain leur fait éprouver. « N'en doutez pas, nous dirent-ils, les Hollandais sont près d'ici; ils ont brûlé tel village; une jeune fille a été violée dans les bras de sa malheureuse mère; un père, voulant soustraire ses enfans à ces nouveaux Fabricius, fut impitoyablement égorgé; notre armée en désordre fuit à leur aspect, et quelques chefs, trahissant leur patrie, mettent le comble à la désolation générale. »

Cependant le calme se rétablit peu à peu, les ordres sont donnés, et chacun va goûter le repos que la fatigue avait rendu indispensable.

Le peu de temps que nous restâmes à Bruxelles ne m'a pas permis de prendre les renseignemens que j'aurais désirés; le prince en était parti la veille de notre arrivée; il s'avança jusqu'à Wavre, où le régiment le rejoignit, tandis que la division Gérard se portait sur Tirlemont, avec ordre de forcer l'armée hollandaise d'évacuer cette place. Ce fut alors que des négociations s'ouvrirent; une suspension d'armes fut conclue: à l'avenir seul appartient le droit de décider si l'humanité n'aura point à s'en plaindre. On cantonna huit jours près de Cumpty (Wallon); le pain commençait à devenir rare et de mauvaise qualité ; les habitans de ces contrées, devenus malheureux par suite de l'invasion hollandaise, n'offraient qu'une faible ressource, étant eux-mêmes restreints à la nécessité d'une médiocre existence. Partout les Français étaient accueillis avec transport; mais leur séjour, en augmentant encore la gêne, diminuait l'enthousiasme auquel leur présence avait donné lieu.

Notre promenade militaire en Belgique n'a pu donner à un jeune soldat qu'une idée imparfaite d'une campagne où le sort des armes doit décider d'un différend entre puissances. L'élan rapide auquel s'était portée cette jeune armée, jalouse de faire connaître à l'Europe qu'elle n'est point dégénérée, fut bientôt amorti dès qu'on eut connaissance du traité de Tirlemont; l'espoir de combattre, en flattant l'ambition de chacun, avait fait supporter avec résignation des fatigues excessives. Toute chance de gloire évanouie, le découragement gagna l'armée, son mécontentement fit naître des murmures, et l'inactivité pernicieuse à laquelle elle fut condamnée occasionna tant de maladies, qu'en peu de jours les hôpitaux furent encombrés de soldats.

Il faut être habitué aux privations que le malheur impose, pour se faire une idée bien juste de celles qui m'étaient réservées. Atteint de la fièvre, j'entrai à l'hôpital de Louvain, où je restai vingt jours; l'affluence des malades était telle, qu'un grand nombre étaient obligés de coucher dans une cour en plein air, se disputant un peu de paille pour se garantir de la fraîcheur des nuits. Que de malheureux à qui cette précaution fut inutile ! succombant à une fièvre délirante, le sommeil était pour eux l'éternité.

Il est facile à concevoir que l'administration des hôpitaux avait une tâche difficile à remplir au moment où la guerre fut décidée ; mais n'aurait-on pas dû faire disposer à l'avance des établissemens propres à recevoir les blessés, dans le cas où le nombre n'aurait pu être contenu dans les hôpitaux ? Et n'aurait-il pas mieux valu établir une ambulance à Cumpty, que de transporter les malades à Tirlemont ; et de là, faute de place, les diriger sur Bruxelles, ou les évacuer sur Louvain, où ils n'étaient pas mieux traités, puisqu'il fallait rester deux ou trois jours exposé sur la paille, avant d'obtenir un mauvais grabat pour s'abriter contre les rigueurs du temps? Sous le rapport des alimens, il s'éleva aussi de fortes réclamations ; elles furent même poussées jusqu'au désordre, et l'administration, en défaut, dut les accueillir. Un militaire n'a cependant pas le droit d'être exigeant ; mais il est le subordonné de tant de monde qui, pour la plupart, méconnaissent les droits de l'hospitalité, qu'il peut bien, lorsqu'il souffre trop, faire entendre son cri.

Quelques jours avant ma sortie de l'hôpital, le régiment reçut l'ordre de rétrograder sur Bruxelles, où, après avoir été passé en revue par le roi Léopold, il prit de nouveaux cantonnemens aux environs de Gennape : c'est à cette dernière ville que je devais le rejoindre.

Le sous-intendant militaire français à Louvain, mal informé sans doute du mouvement que fit la division, me dirigea sur Braine-le-Comte, et, par cette erreur, prolongea l'instant qui devait me réunir à mes camarades. J'étais encore convalescent, ma situation exigeait quelques ménagemens; c'est probablement dans l'intention de m'en procurer, que me privant de ma solde, accablé sous le poids d'un lourd et incommode bagage, l'on me fit parcourir un trajet de plusieurs milles, et revenir ensuite au point d'où j'étais parti : voilà ce que pourraient encore éviter nos sous-intendans. Quand ces Messieurs voyagent, ils ont de bonnes voitures et une destination toujours fixe.

Il n'est rien qui nous rende à l'espérance comme la liberté, surtout après nous avoir été ravie pendant quelque temps. Depuis ma sortie de l'hôpital, j'avais recouvré insensiblement mes forces. A cette époque je reçus une lettre de Lucie; ces souvenirs d'amitié m'étaient chers et me rappelaient avec un nouveau charme mon bonheur passé ; j'étais dans ces douces dispositions d'esprit lorsque j'abordai une plaine fatale à la France, un sol qui recouvre les restes d'une poignée de braves qui, ne pouvant survivre à leur défaite, sont morts en héros ! A l'aspect de ce théâtre de sang, je m'arrête : mes pensées agréables s'évanouissent tout-à-coup ; j'éprouve un saisissement involontaire, mon cœur se serre, mes yeux dévorent l'espace, et mes lèvres tremblantes ne peuvent articuler qu'un seul mot..... Vengeance !... J'étais à Waterloo !

Au sommet d'une montagne et à travers le chemin difficile et sablonneux qui conduit de Wavre à Nivelles, on découvre dans la plaine qui l'environne la ferme du mont Saint-Jean et le monument colossal élevé à l'orgueil, au mépris du courage malheureux. De chaque côté de la grande route de Bruxelles, qui croise ce chemin vicinal, sont deux mausolées qui attestent les regrets que la victoire coûta à nos ennemis. « O Waterloo ! Waterloo ! ! qui relèvera tes cendres ? qui effacera, par un succès plus éclatant que ta défaite, le coup fatal que tu portes à notre gloire ?... L'aigle rayonnant a pris son essor vers les cieux, léguant à ses enfans le devoir de le venger du présomptueux léopard.

Appuyé sur la balustrade qui entoure la petite auberge bâtie au bas du monument, les yeux fixés sur le lieu de nos désastres, je me livrai à d'affreux souvenirs ; j'interrogeais la nature pour approfondir l'effroyable vérité. Eh ! qui pouvait mieux m'en convaincre que ce champ inculte, arrosé du sang français, dont les moindres circonstances se rattachent à tant de nobles infortunes ? Celui qui visite ces lieux n'a besoin de consulter que sa mémoire ; elle lui retrace des tableaux que le temps ne peut effacer.

Comme le hasard m'a conduit à Waterloo, je dois faire ici un rapport exact de tout ce qui a pu fixer mon attention. Le régiment n'ayant jamais paru dans ces environs, on pourrait supposer que ce qui va suivre est le fruit de mon imagination plutôt que l'exacte vérité; la preuve la plus incontestable que je puisse en donner, est l'entretien que j'obtins du propriétaire de l'auberge dont j'ai parlé ci-dessus. La maison était remplie de militaires qui escortaient un convoi se rendant à Nivelles, et avec lequel j'étais venu depuis Wavre; ma position, bien différente de la leur, m'imposait une sévère sobriété que l'on ne peut guère conserver dans une halte militaire; aussi, après avoir pris quelques rafraîchissemens, m'étais-je retiré à l'écart, afin de m'abandonner à la solitude qu'inspirent ces lieux; cette action presque incivile n'échappa pas à l'aubergiste; mais l'attribuant à l'isolement où je me trouvais au milieu de militaires étrangers au régiment dont je fais partie, ou peut-être à l'uniforme d'un hussard de Chartres que je portais, il vint à moi et m'adressa ces paroles :

« Il paraît, camarade, que vous n'aimez pas la société, ou que du moins en ce moment il est autre chose qui vous occupe davantage. » A ce mot un peu cavalier de camarade, qui ne s'échange qu'entre militaires, je me retournai assez brusquement et je m'aperçus, au ruban qu'il portait à son habit, que celui qui me l'adressait avait servi.

« Je ne dédaigne point la société, lui dis-je, mais ce n'est point à Waterloo qu'il faut venir pour en goûter les délices. » L'air de franchise avec laquelle cet homme m'aborda, m'enhardit au point de le prier de satisfaire ma curiosité : « Volontiers, répondit-il; mais croyez-vous qu'un ancien militaire donne audience à la porte de son logis? Allons, ne dédaignez point l'offre que je vous fais ; j'ai servi, et, corbleu! je n'ai pas encore oublié ce que je dois à un jeune compagnon d'armes ; venez, » répéta-t-il en m'entraînant vers sa demeure. Je le suivis, nous montâmes à sa chambre, où, après s'être fait servir de la bière et du jambon, il s'exprima ainsi :

« La maison que vous voyez ici, et dont je
» suis possesseur, n'est bâtie que depuis 1816,

» époque à laquelle ce monument fut achevé ;
» en la destinant ainsi, j'espérais atteindre le
» double but que je m'étais proposé, celui de
» réparer une partie de la fortune que la guerre
» m'avait enlevée, ne doutant pas du grand
» nombre d'étrangers que la curiosité ne man-
» querait pas d'y conduire ; d'un autre côté,
» mon opinion politique n'étant pas toujours en
» harmonie avec vos prétendus libérateurs, je
» résolus de chercher la solitude, sans trop
» cependant me retirer du monde ; cette retraite
» me l'offrit, au sein même de la société ; le
» terrain m'appartenait, vous voyez l'usage que
» j'en ai fait.

» J'avais eu l'honneur d'être nommé officier
» quelque temps avant la bataille de Waterloo ;
» mais, seul soutien d'une mère sexagénaire,
» dont les infirmités abrégeaient des jours qui
» m'étaient chers, j'avais sollicité et obtenu que
» je lui fusse rendu ; il m'était sensible d'aban-
» donner mes drapeaux au moment où ses en-
» nemis semblaient s'accroître ; j'aimais ma

Nous entendîmes en ce moment le convoi qui se préparait à continuer sa route, je pris congé de mon hôte en lui adressant de sincères remercîmens. « Vous ne me devez rien, Monsieur, ajouta-t-il, et si l'occasion vous ramène en ces lieux, ne dédaignez pas de venir visiter l'auberge du Lion-Belge. »

XI.

Les absens ont tort. — Les ruines du monastère de Willers. — La fatalité.

Le quartier-général de l'armée se trouvait alors à Nivelles; une foule de voitures d'approvisionnemens en rendaient la circulation très difficile; je parvins avec peine à trouver M. l'Intendant chargé des militaires isolés; j'appris de cet officier que le régiment tenait ses cantonnemens aux environs de Gennape, qui n'est qu'à deux milles de Nivelles. Cette dernière ville offre peu de choses remarquables, si ce n'est le clocher, dont la flèche, quoique diminuée par la foudre, s'élève encore à une hauteur considérable, et domine sur plusieurs édifices qui l'environnent.

Un vieil adage dit : *les absens ont tort;* j'y crois assez, car j'ai souvent eu l'occasion de m'assurer de son exactitude. Je fus logé chez une jeune femme, dont les yeux langoureux pouvaient certainement bien intéresser en sa faveur; elle tenait un enfant dans ses bras, dont les traits ressemblans ne laissaient aucun doute qu'il ne lui appartînt; mais il était impossible de ne pas remarquer aussi que toutes les fois que ses yeux rencontraient ceux du jeune adolescent, qui par un sourire enfantin ajoutait à ses grâces naissantes, la jeune mère soupirait, et que des larmes amères humectaient ses joues.

Moi qui n'ai pas l'habitude de voir un spectacle si touchant sans y jouer un rôle principal, je pensai avec raison que cette dame avait des peines, et quoiqu'il ne soit pas toujours permis de nous initier dans les secrets des autres, j'offris à Mme Kerléen, sinon de les partager, du moins de lui apporter quelques consolations.

Douée d'un caractère aussi aimable que confiant, et répondant avec une franchise qui m'étonna d'abord, vu qu'elle est rare chez le sexe, j'appris bientôt que Mme Kerléen avait épousé un honnête tailleur, fort joli garçon du reste, mais dont l'inconstance l'avait rendue malheureuse au point de s'en séparer civilement. Après avoir passé les premiers mois de l'hymen et en avoir épuisé le feu, l'infidèle mari s'était rendu à Bruxelles, où d'autres maîtresses avaient captivé son cœur en l'éloignant de celle qui avait des droits légitimes à y prétendre. Depuis huit mois Mme Kerléen était mère : cette circonstance, pensait-elle, aurait dû ramener son mari; pour prix de sa contrition elle lui aurait pardonné ses erreurs et eût oublié des égaremens dont le funeste exemple n'est que trop souvent multiplié.

Il n'y avait rien à répliquer, Mme Kerléen avait raison ; mais j'aurais bien voulu lui faire comprendre qu'une jolie femme, trompée, peut quelquefois se passer de son mari en se vengeant de ses affronts; et comme il n'est point de chemin plus court pour conduire au cœur d'une femme, que de flatter son amour-propre et de la laisser exhaler paisiblement sa mauvaise humeur sans la contredire, je partageai entièrement son opinion, et le pauvre mari ne fut point épargné. Au fait il le méritait bien, Mme Kerléen était jolie.

Le souper vint, je mangeai peu; de son côté Mme Kerléen éprouvait un certain embarras dont je ne pouvais me rendre compte, et qui augmentait le mien. Quel est l'homme qui ne soit un peu prévenu en sa faveur ? J'attribuai à l'amour ce qui n'était peut-être que l'effet de la position critique où ma présence l'avait insensiblement placée.

Il ne fallait pas, en prolongeant un silence stupide, m'exposer à perdre une occasion que le hasard m'avait si généreusement procurée. Mme Kerléen était sensible, je devins entreprenant, et, malgré les reproches et les pleurs dont une femme use en pareil cas, je vainquis une résistance qui n'est souvent que simulée.

Les fatigues d'une nuit consacrée à l'amour, réclament ordinairement le repos d'une matinée réparatrice; dix heures sonnaient que j'étais encore au lit; ma jolie compagne, un peu pâle, mais moins embarrassée que la veille, m'avertit que le déjeuner était prêt. Donnant alors un libre cours à sa gaîté naturelle, elle sut, dans un aimable abandon de ses pensées, me rendre sa conversation intéressante, agréable et variée. La tristesse qu'elle témoigna lors de mon départ, me fit regretter de ne pouvoir prolonger davantage un séjour embelli par une femme digne d'un meilleur sort.

Les circonstances font naître les idées ; en m'acheminant lentement vers Gennape, je pensais à Mme Kerléen, qui avait eu la bonté de m'accompagner à deux milles de la ville, où ses larmes avaient de nouveau ému mon cœur. Je n'aime pas voir une femme pleurer, c'est plus fort que moi ; aussi dès qu'elle m'eut quitté, je me reprochai ma faiblesse et l'infidélité que j'avais faite à Lucie. Il ne faut pas cependant se rendre esclave ; peut-être bien que Lucie, à l'exemple de Mme Kerléen, a un consolateur. Je faisais, dis-je, ces réflexions, quand deux gendarmes me prièrent de leur présenter mes papiers ; l'un d'eux paraissait souffrir d'une blessure qu'il avait récemment reçue à la main ; je les satisfis, et ils passèrent outre.

« Je crois, me dit un homme qui, pendant l'examen des gendarmes, avait doublé le pas pour me joindre, que ces messieurs ne sont pas heureux dans leurs expéditions ; car, si je ne me trompe, celui qui vous a paru blessé n'a échappé qu'avec peine à quelques scélérats qui dernièrement ont arrêté une diligence près la forêt de Willers, malgré les précautions que la police avait prises pour l'éclaircir.

— Comment se fait-il, lui dis-je, que des voleurs soient en nombre suffisant pour résister à la force-armée, dans un pays où l'on combat pour la liberté?

— C'est un legs de la révolution qui enrichit les uns au préjudice des autres; ceux-ci, ne vivant que du jour au lendemain, préfèrent cacher leur nom et le souiller du crime, que de se soumettre aux préjugés nobiliaires qui finiraient toujours par les écraser; aussi n'est-il pas rare de rencontrer parmi ces hommes, que la société repousse, des sentimens honorables et tout-à-fait étrangers à ceux que leur suppose l'opinion publique.

— On pourrait conclure de là que vous leur supposez un but politique; je ne vois pas dans quelle intention, à moins que ce ne soit en faveur du pouvoir déchu.

— Du pouvoir déchu! répliqua-t-il en affectant la surprise. Non, la Belgique ne pourrait y gagner; mais combattre la prédominance du nouveau, poser des bornes aux concessions qui réduiraient notre pays à la désuétude en lui ôtant ses forces physiques, et l'obligeraient tôt ou tard à accepter l'enchère des nations.

— Ce n'est point en exerçant de telles violences contre de paisibles individus, qu'ils parviendront à ce but.

— Je vous l'ai déjà dit, l'opinion les condamne; ils ne sont pas les seuls qu'elle juge en pareil cas : Lafayette, après avoir commencé la première révolution, fut contraint de quitter la France pour se soustraire aux persécutions du système prévalu; certes l'opinion n'était pas pour lui à cette époque; ainsi va le monde. Mais pour ce qui a rapport à l'affaire de Willers, on doit attribuer cette arrestation de diligence plutôt à un but politique qu'à la cupidité. »

Ici mon narrateur prit un chemin différent, me souhaita un bon voyage et disparut.

Le jour touchait à son déclin, lorsqu'au milieu d'une forêt obscure j'aperçus les restes du monastère de Willers. La demeure des vieux cénobites, entièrement détruite, n'offre plus qu'un amas de ruines ; aux murs élevés, seuls monumens qui attestent son antique splendeur, est adossée une humble cabane, et le chaume remplace en quelques parties les riches toitures dont les débris couvrent encore la terre.

A peu de distance de là, sur le bord même de la montagne, est une simple chapelle consacrée à la Mère de Dieu ; là, souvent l'infortuné est venu demander la fin de ses peines, et s'en est retourné soulagé de quelques douleurs. (*Chronique du pays.*)

Ayant obtenu du concierge la permission de visiter ce vaste édifice, je l'instruisis de ce que l'inconnu m'avait précédemment raconté. « Il est vrai, me dit-il, que, par suite d'événemens politiques, plusieurs mécontens se sont réfugiés dans la forêt; tant qu'à leur retraite dans ces lieux, c'est contre toute probabilité; d'ailleurs il vous sera facile d'en juger. » Je le remerciai, et suivant une avenue ombragée par des tilleuls de chaque côté, qui conduit de la cabane, en traversant un jardin, à une plate-forme où les eaux, débordant d'un bassin, tombent en cascade sur des décombres et vont se perdre non loin de là dans un large fossé, je parcourus plusieurs endroits où les ronces et l'herbe s'étaient tellement accrues qu'on ne pouvait douter de leur isolement. Tout est demi-sauvage dans ces lieux, et l'intérêt qu'ils inspirent ne se rattache qu'à la magnificence passée; partout la destruction y règne; le silence n'est interrompu que par le cri des hiboux, habitans d'une vieille tour que d'énormes chênes entourent et garantissent de l'intempérie. L'aspect de vieux monumens en ruines, sombres et solitaires, fait d'autant plus d'impression sur l'âme d'un voyageur, que ces lieux lui étant tout-à-fait inconnus, laissent errer son imagination dans mille conjectures plus ou moins vraisemblables. J'ai préféré fixer les miennes; j'entrai dans le monastère. Je passai rapidement dans plusieurs salles, je les parcourus en tous sens, et le bruit de mes pas, répété par l'écho, se perdait au loin sous de longues galeries. Satisfait de mes observations, je reprenais le chemin de la cabane, lorsqu'un hibou, abrité sur la galerie voisine de celle que je parcourais, effrayé par mon apparition, s'enfuit à tire-d'aile à l'extrémité; je le poursuivis un instant, et, au moyen d'un monceau de débris, j'allais l'atteindre, quand, à mon grand étonnement, le son de plusieurs voix frappa mon oreille; je crus d'abord que l'écho m'avait fait prendre pour une voix ce qui n'était peut-être que le bruit occasioné par les efforts que le sinistre oiseau faisait pour m'échapper; je ne pus cependant retenir l'émotion que j'éprouvai, surtout après l'intime conviction que le bruit que j'avais entendu était réellement causé par quelques voix humaines. Mon attention redouble; je m'appuyai contre la muraille pour mieux en saisir le sens. Tout-à-coup une pierre s'en détache, roule avec fracas, et me laisse voir un homme dont la hideuse figure me fit juger de son indigne profession.

A cet aspect imprévu, mon premier mouvement fut de fuir; mais l'homme du mystère avait profité de la stupeur où sa présence m'avait jeté, et, par un élan rapide, se trouva sur mon passage. « Arrête! me dit-il d'une voix sourde en me présentant un pistolet armé, toute résistance est inutile; suis-moi, ou prépare-toi pour le grand voyage.

— Misérable! lui dis-je, quels sont tes desseins?

— Mes desseins! répéta-t-il avec ironie; tu diras à notre capitaine ceux que tu avais en venant espionner dans ces murs.

—Moi! te suivre? non, non, ne l'espère pas; »

et, comme je faisais un effort pour dégager mon bras dont il s'était emparé, il appuya en ce moment le doigt sur la détente de son arme et la dirigea sur moi.

« Que fais-tu donc, Jacques? dit un second bandit que je n'avais pas encore remarqué ; ne sais-tu pas que notre capitaine ne veut pas qu'on les expédie avant de les lui avoir présentés? Allons, jeune homme... Mais, par Saint-Wandrille! je ne me trompe pas, c'est mon interlocuteur de ce matin. Allons, allons, de la bonne volonté, le capitaine est Français.... Jacques, soulève la pierre du petit escalier. » La pierre soulevée retombe sur elle-même, et à l'aide d'une faible clarté nous parcourûmes plusieurs voûtes souterraines. Arrivés à l'issue d'un long et étroit corridor, une porte céda à la pression que lui fit l'un de mes conducteurs; nous entrâmes dans une grande salle éclairée par des lampes suspendues au moyen de plusieurs poulies, dont les abat-jours recouverts donnaient une lumière assez vive sur une table de jeu que plusieurs hommes entouraient. A notre arrivée l'un d'eux se détacha et vint demander à Jacques à quel titre il devait m'annoncer auprès de leur capitaine : *Espion!* répéta celui-ci. A ce mot chacun se leva, tous les regards se fixèrent sur moi, un geste menaçant manifesta leur indignation.

Une porte s'ouvre, plusieurs bandits nous précèdent. Introduit par Jacques devant l'arbitre de mon sort, je cherche dans son regard, son maintien, cette habitude policée qui doit me faire reconnaître un Français. Une barbe épaisse donnait à sa physionomie quelque chose de farouche. Entraîné par un mouvement involontaire, il ne peut dérober à la multitude l'émotion que ma présence lui fait éprouver. En homme habitué à commander, d'un signe impératif il renvoie ses satellites et ferme la porte sur leurs pas ; puis ôtant un large chapeau orné de plumes de coq retombant sur elles-mêmes, d'un pas mesuré il se rapproche de moi : « Me reconnais-tu ? » me dit-il à voix basse ; et sans attendre ma réponse il arrache la longue barbe qui cachait sa figure. « Connais-tu celui que ton coupable amour a conduit au crime?...

— Edouard en ces lieux !...

— Lui-même !...

— Par quelle fatalité est-ce dans un lieu souillé par l'infamie que je retrouve mon ami, le parent d'Eléonore !...

— Quel nom viens-tu de prononcer!... C'est toi.... c'est vous qui m'y avez conduit; c'est la suite de ton amour pour Eléonore ; j'avais besoin de te voir, pour me venger de vous d'eux...., Ecoute, Alphonse, je t'ai cherché partout, et peut-être que, dans les premiers momens de mon ressentiment, ta mort m'eût préservé des maux que tu m'as fait souffrir...

— Edouard, lui dis-je, je ne te comprends pas. L'opprobre dont tu te couvres, tu ne peux l'attribuer à ma conduite...

» mère, j'étais son unique appui, je devais lui
» rendre la vie plus supportable en adoucissant
» ses derniers momens ; mes soins ne furent
» point infructueux, et j'eus le bonheur de pro-
» longer les jours de celle qui m'avait donné
» la vie. Ma mère habitait alors une maison
» située dans le fond de ce village que vous
» voyez à droite (Braine-l'Alleu) ; le bruit des
» revers que l'armée française éprouvait com-
» mençait à inquiéter les faibles habitans de ces
» contrées ; des émissaires salariés achevèrent
» de jeter l'épouvante dans des esprits déjà trop
» prévenus ; séduits par de vaines promesses, ils
» trahirent celles qu'ils avaient solennellement
» juré de maintenir.

» Le 15 juin 1815 arriva, Braine-l'Alleu fut
» le point central du matériel de l'armée an-
» glaise. Ah! qu'il m'en coûta alors de ne pou-
» voir partager les dangers de mes anciens
» frères d'armes ; mais ma mère, devais-je l'a-
» bandonner au moment où je lui devenais de
» plus en plus nécessaire? Cependant les pre-

» miers succès que les Français avaient obtenus
» dans cette déplorable journée, jeta la confu-
» sion parmi les Alliés, et la victoire, si souvent
» fidèle à nos phalanges, était incertaine de s'y
» fixer encore.... L'ennemi, rempli d'épouvante,
» recule et se fait un abri de nos habitations.
» O jour à jamais malheureux! ma mère, frap-
» pée d'un coup de feu, tombe et expire dans
» mes bras. J'étais dans un état difficile à dé-
» crire; mon sang se glaça, et pendant quel-
» ques minutes je restai privé de tout sentiment.
» Voulant soustraire au carnage les restes ina-
» nimés de ma malheureuse mère, je les dé-
» posai dans un caveau, et je résolus d'aller
» chercher la mort parmi les rangs français.
» Un seul instant a suffi pour changer la for-
» tune : trompés par de fausses espérances, at-
» taqués à-la-fois de tous côtés, les Français,
» un instant vainqueurs, ne purent résister à ce
» choc formidable. Ce fut alors que cette garde
» long-temps invincible vint chercher une mort
» glorieuse, préférable à son infortune. »

—Elle est la source de mes dérèglemens; mais il te faut des éclaircissemens, tu seras satisfait. Te rappelles-tu, Alphonse, les protestations d'amour que tu fis à Eléonore le jour de ton départ pour le régiment? l'amour ne couronna-t-il pas cet aveu?.... Et c'est sous mes yeux, traître, que tu triomphas, en portant dans mon cœur un feu qui devait le consumer!.... Je ne vis plus en toi qu'un rival odieux, je voulus sur-le-champ assouvir ma rage; mais tu partis, mon dessein échoua. Eléonore m'avait sacrifié; son honneur exigeait le secret dont j'étais dépositaire. Profitant de cet ascendant, je voulus à tout prix obtenir des faveurs qu'elle t'avait prodiguées. J'essuyai son refus; je jurai sa perte, et m'empressai de publier les liaisons qui vous unissaient.

» Mon amour-propre n'en était pas moins blessé; j'aimais encore, je tâchai de me rapprocher d'un cœur que tu m'avais enlevé, et, dans un dernier entretien, j'obtins de ma rebelle parente un rendez-vous sous le même bosquet où, peu de temps avant, elle t'avait promis de n'aimer que toi.... Rassure-toi, Alphonse, la perfide devait y détruire ma dernière espérance.... Au moment où, pâle et tremblante, elle n'opposait qu'une faible résistance à mes désirs.... M. Gérôme et plusieurs de ses amis parurent tout-à-coup. Les soupçons que j'avais fait naître me furent imputés, l'opinion publique me condamna, je fuyai le toit maternel, et je vins à Paris où je croyais t'y retrouver. Mes informations furent infructueuses, je ne pus découvrir tes traces ; la fortune inconstante mit fin à mes incertitudes, et je m'engageai dans un régiment de ligne, tenant alors garnison en cette ville.

» C'était là que l'adversité m'attendait dans toute sa profondeur ; courbé sous le joug de la servitude, soumis aux rigueurs d'une discipline, juste il est vrai, mais qui souvent n'est que l'arme de l'arbitraire chez quelques hommes où le pouvoir est incompatible avec l'honneur, je souffrais en silence, maudissant et ma destinée et toi..... Je voulus m'affranchir d'un pouvoir despotique où le mérite n'est que secondaire et disparaît devant le privilége. Honteux de retourner dans ma famille, je désertai en Belgique où la révolution venait d'éclater; j'y pris du service dans un régiment de lanciers, où peu de temps après j'obtins un avancement rapide. L'attaque imprévue des Hollandais nous dispersa; les trois quarts de nous furent massacrés ou faits prisonniers; j'éprouvai le sort de ces derniers, et ne dus ma liberté qu'à mon courage et à l'aide de quelques mécontens qui attaquèrent à l'improviste les troupes chargées de nous conduire en Hollande. Les hommes m'étaient en horreur; il n'est aucune consolation pour le malheureux qui n'entrevoit pas la fin de ses peines; chaque jour augmentait les miennes. Obligé de lutter contre la faim et toutes les vicissitudes qui accompagnent la misère; exilé de ma patrie, loin de ma famille, la vie m'était insupportable, et peut-être l'aurais-je terminée... Mais le malheur rapproche les hommes; ceux qui avaient contribué à ma délivrance partagèrent mon infortune et me rendirent la vie moins pénible; comme moi privés de leur liberté individuelle, nous la cherchâmes dans l'obscurité ; cette retraite nous parut un lieu sûr.... et c'est là qu'après avoir bravé....

— Ah ! Edouard, n'achève pas.

— Il est bon, ajoute-t-il, que tu connaisses ton ouvrage. Tiens, regarde cette arme rougie....

— Malheureux ! ta main !... Et c'est moi que tu accuses de tes forfaits ? Esclave de tes passions, entraîné par la jalousie, toi-même as creusé l'abîme où insensiblement tu es tombé. Ah ! Edouard ! mon ami, reviens à des sentimens plus honorables, quitte ces lieux corrompus, reparais parmi nous, viens laver ta honte en affrontant une mort glorieuse ; songe à ta famille, à ton vieux père qui, courbé sous le poids des ans, près de descendre dans la tombe, t'accablera de sa malédiction....

— Que me rappelles-tu ?

— Ce que tu n'aurais jamais dû oublier. Abjure tes erreurs, il est un sentiment intérieur qui t'impose un devoir; l'amour filial ne peut être éteint en ton cœur. Non, tu ne seras pas fils dénaturé.... Edouard, au nom de ta famille, de tout ce qui peut t'être cher, suis-moi, les conseils de l'amitié te rendront au bonheur, et pour toi couleront encore d'heureux jours que l'on ne peut obtenir sans la vertu. »

Edouard paraissait vivement ému, son cœur oppressé laissait échapper des soupirs qui dévoilaient l'agitation de son âme; son regard inquiet se portait tour-à-tour sur moi et sur l'arme fatale. Après un instant de silence, frappé comme d'une inspiration soudaine, il rappelle Jacques; puis s'approchant de moi, il prononça d'une voix entrecoupée : « Tu es libre, Alphonse, hâte-toi d'en jouir; pars, le sentier de l'honneur t'est encore ouvert; il ne m'est plus permis d'y rentrer.... Adieu!... »

Il dit, et se précipitant dans une chambre voisine, il se dérobe à nos yeux.

« Allons, me dit Jacques, il ne sert à rien de

rester comme une statue devant cette porte ; » reprenant alors sa lanterne sourde, il me conduisit à l'escalier dérobé, où, après avoir répété plusieurs fois : « Ah ! ça, jeune homme, pas d'indiscrétion au moins, » il en souleva une trappe, et je me trouvai en face la nappe d'eau que j'avais précédemment remarquée.

La nuit était venue ; le concierge, inquiet de mon absence, parcourait le monastère en tous sens ; je le rassurai. Fort heureusement il ne put juger de mon trouble ; je pris congé de cet homme obligeant, et je me rendis à Gennape, livré aux réflexions que cette journée avait fait naître.

XII.

Suite des Ruines. — L'Orage. — Évasion.

Qu'il est malheureux l'homme que la Providence accable des remords d'une vie souillée par le crime ; il subit le poids de cette tourmente qui le ronge jusqu'à ce que la nature reprenne son droit et rende au néant l'être animé qu'elle en avait tiré. Cet espace de temps qui devait s'écouler tout entier en plaisirs, ne se déroule plus à ses yeux que sous une longue suite d'iniquités ; il est trop tard pour qu'il devienne honnête homme et qu'il jouisse de sa tranquillité première ; cette vie impropre, alimentée par l'infamie, ne s'éteint qu'avec cet abrutissement qui ne laisse de l'homme que le nom que la Divinité lui a donné. Il a beau s'étourdir, là ne s'arrête point encore le terme de ses maux ; il vit, et cette existence insupportable, compagne du malheur, est pire pour lui que la mort qu'il appelle à chaque instant, et qui ne retarde ses coups que pour les rendre plus terribles.

Quand le hasard me fit rencontrer Edouard Belmonti à la tête d'une bande de malfaiteurs, fier qu'il était de les commander, il rejeta mes conseils, dictés par une franche et ancienne amitié ; il préféra continuer une vie vagabonde qui devait inévitablement le conduire à sa perte, plutôt que de rentrer, par un changement subit de ses actions, dans la société, au sein de sa famille qui l'aurait reçu à bras ouverts, lui aurait pardonné de bon cœur les torts qu'il avait commis, et, sans lui demander compte du passé, aurait tout oublié. Personne en France, excepté moi, ne connaissait le vil métier qu'il avait embrassé; il n'avait rien à craindre de mon indiscrétion ; il pouvait donc encore couler des jours heureux près d'une mère désolée de sa fuite, que tant de chagrins réunis minaient et conduisaient lentement au tombeau. Mais non, son orgueilleuse fierté l'en empêcha, il entrevoyait de la gloire à commander, comme il le disait, à une troupe d'indépendans; il avait établi chez ces hommes la plus sévère discipline, et punissait sévèrement ceux qui transgressaient à ses ordres : tous admiraient des talens qui, mieux dirigés, auraient pu lui attirer l'estime et la considération de ses concitoyens. Il s'érigeait en redresseur de torts; il donnait volontiers aux malheureux, ne dévalisait que les riches, les prêtres fanatiques et les oppresseurs du peuple : c'est ainsi qu'il s'abusait sur sa vile profession, et qu'il espérait, avec la prudence et la valeur qu'il avait déjà acquises, parvenir au rang des conquérans qui avaient, disait-il, ainsi commencé, et, porté sur les ailes de la victoire, transmettre son nom à l'immortalité! Téméraire dessein!... Il ne voyait pas, l'insensé, que malgré les meilleures intentions, et quoique doué des plus grands talens, l'homme qui se met au-dessus des lois, et les brave à la tête d'une bande d'hommes armés que la société réprouve et repousse de son sein, se livre à une dégradation morale qui le rend le dernier, le plus abject des hommes, et finit par le conduire à tous les crimes ; c'est ce qui lui arriva.

L'abbaye de Willers ne devait pas offrir longtemps à la bande fugitive un refuge assuré : trop connus dans les environs par leurs exploits nocturnes, la police belge ne tarda pas à être informée du repaire de ces bandits. Ignorant leur nombre et dédaignant de pareils adversaires, elle n'employa d'abord que de faibles forces, qui devinrent insuffisantes par la valeur et l'audace des réfugiés. Il n'était pas facile de s'emparer de ces hommes déterminés à mourir plutôt qu'à céder ; la petite troupe s'était augmentée en raison du mécontentement et de la misère qui régnaient alors. Informés à temps des mesures que l'on prenait contre eux, ils firent bonne contenance en face de quelques agens subalternes de la police ; le gouvernement, étonné des progrès de cet homme audacieux, dirigea contre lui un nombreux détachement, avec ordre d'investir les ruines.

Aveuglé sur sa position, le malheureux Edouard s'aperçut, mais trop tard, de l'abîme qu'il avait creusé sous ses pas, et sur les bords duquel il était prêt à se précipiter. Un moment il reconnut sa faute, et se repentit de ne pas l'avoir prévue. Parmi ces hommes corrompus dont il s'était proclamé le chef, et sur lesquels il comptait, parce que tous étaient criminels, il y en eut qui, pour se mettre à l'abri de la justice et recouvrer leur tranquillité par une délation, ou pour se garantir d'une défaite qu'ils regardaient comme certaine, abandonnèrent la cause où naguère l'enthousiasme et la rapine les avaient conduits, sous la protection de laquelle ils avaient vécu ignorés, et s'étaient soustraits à la vindicte publique. Les misérables, ils croyaient se laver par la trahison ; mieux, oui cent fois mieux il eût valu pour eux porter leur tête humiliée sur l'échafaud, que de chercher à racheter leur vie criminelle par un nouveau crime ; mais quand l'homme descend à ce point de dégradation, il ne calcule plus ses actions, il cumule faits sur faits, infamie sur infamie ; son cerveau est vide au milieu des mille et un souvenirs qui l'agitent; son cœur, éteint à tout sentiment généreux, infecte son âme du souffle impur de l'iniquité et de l'égoïsme.

Quoique vivement affecté par l'abandon de quelques-uns des bandits, Edouard ne se découragea pas ; d'ailleurs qu'avait-il de mieux à faire, lui, sinon que de mourir ? Il attendait la mort, il la voyait s'avancer à pas lents sans s'en effrayer ; il la désirait peut-être, et un sourire infernal effleurait ses lèvres, en songeant qu'en perdant la vie il pourrait s'abreuver dans le sang de ses ennemis et assouvir sa vengeance. Il se faisait encore illusion ; mais quelque criminel qu'il soit, l'homme conserve toujours une lueur d'espérance qui l'accompagne jusqu'au moment fatal, et ne le quitte que lorsqu'il a cessé de vivre. Jacques Raye était devenu son confident intime ; il était le seul qui pût l'approcher lorsqu'il méditait quelques nouveaux projets, ou qu'il paraissait soucieux ; seul encore il osait lui parler de moi et lui exprimer la crainte qu'il conservait de mon apparition parmi eux. A ces mots le front sourcilleux d'Edouard se rembrunissait, un soupir convulsif s'échappait de sa poitrine oppressée, sa main se crispait sur un poignard qu'il portait à sa ceinture, et son œil farouche jetait un regard de feu. Jacques était l'homme qui convenait en pareilles circonstances ; c'était lui qui avait rendu la main d'Edouard homicide, et peut-être que sans lui il n'eût point forfait à l'honneur. Sa vie était un tissu d'événemens auxquels ne se rattachaient que des actions coupables ; inhumain, barbare, son cœur était froidement cruel; son idole était l'or, son cri de ralliement la mort; il affectionnait Edouard, parce qu'il était son ouvrage, et qu'il avait reconnu en celui-ci une âme forte, capable de commander à des brigands.

Le danger devenait pressant, les ruines se trouvèrent tout-à-coup entourées, cernées par le détachement envoyé contre les réfugiés; cachés au fond de leur repaire, dont ils avaient garanti l'entrée par une triple défense, ils attendaient dans l'ombre, mais avec le courage et l'anxiété que donne le désespoir, qu'on vînt leur disputer leur retraite. Rassemblés dans une salle basse, où le son rauque de leur voix mêlée d'imprécations et le bruit sourd de leurs pas se perdaient dans une longue galerie aboutissant à la chapelle, dans laquelle ils avaient pratiqué une issue souterraine, dernière ressource de salut que mille obstacles rendent presque impraticable, ils ont résolu entr'eux de s'y défendre jusqu'à la mort. Edouard paraît au milieu d'eux; jamais il n'a été plus radieux; il les harangue, il leur communique le feu électrique dont il est embrasé ; les bandits répondent à cet appel par les cris de *vive Recth-Hairtzafter!* nom qui signifie en allemand *courageux*, et que sa troupe lui avait donné à cause de son intrépidité. Il fait apporter toutes les provisions nécessaires à leur défense ; mais à peine a-t-il donné cet ordre que plusieurs coups de feu se font entendre ; en un instant les murs sont escaladés, les voûtes répètent l'écho du fracas des armes ; des hommes tenant des torches allumées les parcourent en vociférant contre les réfugiés. Tout y est désert, l'ombre et le silence répondent seuls aux menaces. Certes l'attente de la police eût été encore trompée, et la retraite de ceux-ci fût restée inaperçue, impénétrable, si les traîtres qui les avaient lâchement vendus n'eussent connu tous les détours de ce labyrinthe ténébreux ; ils se font précéder par quelques soldats, soulèvent plusieurs trappes, descendent plusieurs escaliers étroits et tortueux, descendent encore et se perdent sous ces immenses et profondes galeries. Les réfugiés étaient découverts. Alors le carnage commence : Edouard se précipite avec la rapidité de l'éclair et la fureur du lion sur ses nombreux adversaires ; la mort succède à ses coups meurtriers. Jacques défend l'entrée de la voûte souterraine qui communique à la chapelle, et, avant que la porte soit interceptée, plus d'un agresseur aura mordu la poussière. On n'entend que des plaintes, des gémissemens, des cris de mort et de vengeance qui se mêlent aux cris lugubres des sinistres oiseaux épouvantés ; puis un moment de silence succède au bruit, puis le carnage recommence.... Enfin, succombant au nombre, les bandits sont dispersés ; c'est en vain que la voix de leur chef les rallie, le désordre est au comble ; les uns fuient, d'autres ont mordu la poussière en vendant chèrement leur vie ; on s'empare de tout ce qui résiste encore, et le nombre va augmenter les prisons de Nivelles. Recth-Hairtzafter était parmi ces derniers ; son courage l'avait perdu.

Je ne suivrai point Edouard pas à pas devant les autorités de Nivelles ni dans son noir cachot, accablé sous le poids de sa conscience, torturé de remords. Une pensée poignante déchira son âme lorsqu'il se vit détenu ; l'avenir se présenta à lui sous les formes hideuses de l'ignominie : c'était la mort qu'il avait cherchée, et non la captivité. Mais voyons ce qu'est devenu Jacques Raye, son ami, son confident intime, et sachons par quel coup du hasard il ne partage point l'infortune de son chef.

Pendant le combat opiniâtre qui avait eu lieu entre Edouard et les gendarmes, Jacques était resté au poste qui lui avait été confié, où bientôt il eut à soutenir lui-même un choc violent contre plusieurs hommes armés qui voulaient s'introduire de vive force par la galerie dont il défendait l'entrée, sachant que ce lieu une fois découvert, tout moyen de fuite devenait impraticable ; il fit donc des efforts inouïs pour s'y maintenir ; il y réussit; mais une fois maîtres de la voûte qu'occupait Edouard, les gendarmes se reportèrent en foule vers celle qu'ils avaient abandonnée, et y retrouvèrent l'intrépide Jacques avec quelques bandits; il se battit à outrance jusqu'à ce qu'il se vît seul debout. S'apercevant alors de l'inutilité de ses efforts, il s'enfuit par le détour de la galerie souterraine, et profita, pour s'échapper, de l'issue pratiquée dans la chapelle, où peu de jours avant cette catastrophe, de concert avec Edouard et dans la crainte d'être surpris, ils avaient transporté plusieurs uniformes, à l'aide desquels ils espéraient s'échapper. Jacques pleurait de rage en songeant qu'à lui seul ces effets seraient nécessaires; cependant il s'en saisit avec avidité, ainsi que d'un riche portefeuille; et avec la précaution commune aux hommes de son métier, il s'empara de plusieurs passeports, objets que la rapacité et le crime avaient arrachés à de malheureux voyageurs tombés sous leurs coups, et le même soir il alla coucher à Gennape. A l'abri des poursuites judiciaires, il s'informa discrètement sur quel point on avait dirigé les réfugiés tombés au pouvoir des gendarmes belges; il n'était bruit dans la ville que de cette nouvelle; le peuple, superstitieux, commentait à sa manière l'arrestation des bandits, et racontait mille absurdités sur la chapelle. Jacques apprit bientôt qu'Edouard était au nombre des prisonniers ; il respira, et le jour suivant il rôdait dans les environs de Nivelles.

Vous est-il arrivé, lecteur, d'être une seule fois détenu ? Avez-vous habité Sainte-Pélagie, la Préfecture, l'Abbaye, ou quelques autres lieux semblables infectés, où le crime conspire, l'innocence sanglote et la liberté gémit? Je suppose que non, pour votre tranquillité ; alors vous ignorez, et puissiez-vous ne jamais apprendre ce que c'est qu'une prison! Or, comme il m'est arrivé, et qu'il m'arrive encore quelquefois de coucher sur une botte de paille, de trouver à mon réveil la cruche à l'eau et un morceau de pain sec pour tout potage, sans pour cela voir la figure hideuse d'un geôlier, je puis avec connaissance de cause esquisser en passant le modeste réduit sur lequel une mauvaise étoile oblige parfois mon faible individu à se reposer. Ce n'est point un séjour qui porte atteinte à l'honneur ; non, le pire qui peut en revenir en l'habitant, c'est un léger rhume de poitrine, ou quelques rhumatismes. Vous voyez donc qu'il n'y a pas grand mal.... Ce n'est pas non plus une vraie prison que ce réduit-là ; c'est simplement l'antichambre de l'adversité et de l'arbitraire, quelquefois aussi de l'oubli du devoir et du rappel à l'ordre, de la partialité et de l'injustice. Grâce à ce séjour où je vais parfois rêver et prendre une leçon de philosophie, je puis donc mieux que vous, qui reposez mollement sur un édredon, dans les bras d'une voluptueuse maîtresse, dans une chambre bien chauffée, tapissée, et dont les croisées, voilées de riches draperies d'or ou d'argent, ne laissent pénétrer dans votre appartement, selon vos désirs, qu'un demi-jour, et qui opposent une barrière aux vents du nord ou vous garantissent de l'ardeur d'un soleil d'été ; je puis, dis-je, mieux que vous (ne vous en déplaise), à travers le grillage, la lucarne ou les vitraux de ma cellule, apprécier de quel prix est la folle déesse après laquelle nous courons tous, et qui souvent nous échappe au moment où nous allons l'atteindre. Oh ! comme elle s'abaisse avec moi dans ma cage de huit pieds carrés; elle qui embrasse le monde, il me semble qu'elle erre autour de moi; comme elle me flatte ! quelle brillante illusion ! Dans ma captivité elle me fait oublier que je suis captif, elle me fascine les yeux, je ne vois qu'elle : qu'elle est belle la liberté ! Oh ! oui, trop belle pour la posséder tout entière; dans mes songes elle m'accompagne encore cette enchanteresse.... Fuis, l'on vient, j'entends du fer qui s'entrechoque, ce sont des clefs; fuis, on redoute ici ton aspect.... La porte s'ouvre, je jette un regard à travers l'épais grillage, j'aperçois des hommes rangés, immobiles, qui répondent à un signe par un autre signe; je vois l'inconstante déesse renverser son flambeau et franchir l'enceinte du quartier. Etrange et singulier contraste que la nature reproduit dans notre être : liberté d'agir par nous-mêmes, transmise à des personnes dépendantes; obéissance servile, habitude.... Bonheur : fiction; il dépend de nous, il est sans cesse devant nous, et il nous échappe sans cesse; l'amour du bien le retient, l'ambition et les passions haineuses le chassent, l'homme sage et vertueux le rend fixe.... Captivité : l'innocent y trouve des consolations, le coupable des remords où le moyen d'y combiner de nouveaux crimes.

C'est à-peu-près à la même époque où je faisais ces réflexions, qu'Edouard était renfermé dans un noir cachot; lui aussi il pensait, mais sa pensée était accablante; ce n'était point la liberté jeune et belle qu'il entrevoyait dans un prochain et heureux avenir; la mort se déroulait dans sa pensée avec tout l'appareil hideux du châtiment dû aux criminels. Les beaux jours de son enfance aiguillonnent ses sens et suffoquent tout son être; il médite dans l'ombre, et mesure d'un œil hagard les larges dalles adaptées aux murs de sa prison. Là, point de consolations pour le meurtrier; les remords l'accablent, l'espérance le délaisse à la porte, et cependant il vit... Huit jours, et par conséquent huit mortelles nuits, s'écoulèrent dans cette anxiété, dans cet abattement moral qui touche presque au néant, sans que rien ne vint interrompre la triste rêverie du prisonnier. De quoi pouvait-il encore s'occuper? Entre la mort et l'espérance, s'il en conserve, il n'y a d'autre milieu que le déshonneur : le déshonneur est un poison lent qui vous tue; mort, on vous oublie, on vous plaint peut-être; mais vivre déshonoré, c'est souffrir mille morts pour une. Une nuit, une nuit terrible, au moment où les élémens déchaînés semblaient se disputer la primauté; que le tonnerre grondait, que les vents impétueux entraînaient çà et là, dans leur course vagabonde, les débris de quelques vieilles masures; une nuit enfin où la foudre éclatait et embrasait de son feu destructeur la flèche du clocher de Nivelles, accompagnée d'un torrent de pluie et d'une obscurité profonde, Edouard entend frapper légèrement et prononcer son nom au dehors de la prison; il prête une oreille attentive, et la voix d'un ami lui fait connaître qu'on vient à son secours. A l'aide de plusieurs instrumens qu'on lui procure, il parvient à rompre sa chaîne. Pendant ce temps un barreau de la lucarne est scié, on lui jette une corde à laquelle il se cramponne : il est libre ! Jacques l'a sauvé. « Fuyons, lui dit-il, un seul instant peut nous perdre ; les habitans se portent en foule vers l'église pour apaiser l'incendie, profitons du tumulte. » Edouard le suit à pas précipités.... un objet qu'il n'a pu apercevoir se trouve sur son passage, il s'y heurte et tombe sur l'herbe humide ; il se relève, et, à la lueur de la foudre, reconnaît le corps d'un militaire gisant sur le sol : c'était le factionnaire que Jacques avait assassiné pour faciliter l'évasion de son ami !

———

L'auteur n'ayant pu obtenir des renseignemens précis sur Edouard, après son évasion de la prison de Nivelles, autres que ceux plus ou moins accrédités par la voie publique, il a cru pouvoir y suppléer lui-même, sans trop s'écarter de la vérité.

XIII.

Politique du jour. — Rentrée en France. — Cantonnemens de Maubeuge. — Vie paisible.

Lorsqu'une armée franchit la frontière, appelée par son énergie à repousser l'invasion étrangère, elle emporte avec elle les sympathies nationales ; ses actions appartiennent à l'histoire,
ses faits à la postérité, et les lauriers, dignes

attributs de la victoire, sont la plus belle récompense qu'elle puisse ambitionner.

En épousant la cause de la Belgique, la France s'était engagée à la soutenir. La révolution de juillet, dès son principe, devant s'étendre chez tous les peuples civilisés, son premier but fut de maintenir l'équilibre où son effervescence avait éclaté, en opposant à l'absolutisme le mot *liberté*, que chaque nation est avide de posséder ; mais un pouvoir plus étendu que ce verbiage, imposa des limites à la déesse favorite. L'ancienne aristocratie, chassée du sol français, s'assura à l'extérieur une prépondérance qui, dominant sur une plus grande étendue, comprima l'opinion factice née des barricades. Les nations, physiquement absorbées, donnèrent tout-à-coup, par un déploiement de forces, l'initiative aux masses individuelles, qui, toujours en agitation, tiennent celles-ci en suspens et n'apportent à l'intérêt général que méfiance et inaction, suites inévitables où le défaut d'énergie les a indistinctement placées.

En admettant qu'il soit de l'intérêt de chaque nation de s'abstenir de la guerre tant que l'on n'est pas obligé d'acheter la paix au prix de l'honneur national, et que des sentimens pacifiques n'encouragent pas à l'agression, on ne pourra néanmoins s'empêcher de reconnaître tout l'avantage que doit retirer la Sainte-Alliance d'une telle position; aussi a-t-elle su fortifier ses liens par le choc même qui devait les rompre à jamais. N'est-il pas également évident que si nos hommes d'état manquent d'énergie pour seconder les sympathies populaires, la Sainte-Alliance en profitera pour s'opposer avec plus de force contre le droit politique des nations, qu'il lui importe tant d'anéantir!

Tout ce qui s'est passé au sujet de la Pologne prouve-t-il que les liens de la Sainte-Alliance soient rompus? L'Autriche a-t-elle marqué quelques symptômes de jalousie au sujet des pas qu'elle a vu faire à la Russie? La Prusse n'a-t-elle pas fourni (ses troupes exceptées) tous les secours possibles pour anéantir la liberté polonaise ? L'Angleterre et la France, qui avaient, lors du traité de Vienne, garanti l'indépendance de ce royaume, n'osaient pas même exprimer le moindre déplaisir à l'égard de l'autocrate, ni faire des remontrances en faveur de la Pologne et de l'humanité : est-ce une preuve que les liens de la Sainte-Alliance se soient relâchés et que la terreur qu'inspire son pouvoir se soit affaiblie ? Cela ne prouve-t-il pas, au contraire, le funeste ascendant que cette ligue a repris sur les gouvernemens de France et d'Angleterre ?

Le roi des Pays-Bas déclare ne vouloir céder que moyennant des modifications importantes, et il tiendra parole. N'est-ce point encore ici l'effet des trois despotes, feignant d'approuver tout ce que proposaient les plénipotentiaires de France et d'Angleterre, jusqu'à ce qu'il ne restât plus rien à faire, pour consolider la paix, que de ratifier les articles de pacification entre la Belgique et le cabinet de La Haye, qu'ils soutiennent? Que conclure des deux invasions de l'Italie par l'Autriche, invasions qui ont eu lieu avec la pleine approbation des autres puissances qui tendaient à soutenir ce despotisme chancelant, qui réduit au point de dégradation morale et politique une belle contrée, jadis le siége de la civilisation et de la liberté? Cela prouve-t-il que les liens de la Sainte-Alliance soient rompus et qu'un nouveau système de politique modifie les vues des cabinets despotiques? Eh! quel pouvoir irrésistible a donc pu obliger la France, lorsque son armée occupait la Belgique, à condescendre aux conditions de la conférence de Londres? N'a-t-elle pas ainsi méconnu les principes de la révolution de juillet, ou les a-t-elle bien compris? N'a-t-elle pas dérogé à sa dignité, ou a-t-elle obéi à un sentiment de pusillanimité en refusant à Léopold la sauve-garde qu'il avait demandée humblement? Par crainte, non; il y a donc faiblesse? c'est possible. Mais le 30 septembre, jour indiqué par le protocole, les Français ont évacué le territoire belge.

Il ne m'appartient pas ici de juger en dernier ressort ; mais puisse bientôt la France, délivrée de ses apostats ministériels, reprendre le rang où la gloire et sa position l'ont placée.

Ces réflexions paraîtront peut-être démesurées de la part d'un militaire, dont l'opinion est restreinte à la nullité. Eh! quel sujet de plainte avez-vous, me dira-t-on, contre le pouvoir, dont la déchéance n'apporterait aucun changement à votre condition? L'intérêt général ne peut-il pas donner matière à de généreuses inspirations pour lutter contre l'arbitraire? Les trois immortelles journées ne nous accordent-elles pas le droit de combattre ce système lorsqu'il devient onéreux pour le pays, qu'il porte atteinte à la liberté individuelle, qu'il méconnaît enfin toutes les sympathies qui font vibrer les cœurs. En concluant que mon opinion soit nulle, un changement de système emporterait celui d'une administration vicieuse, qui s'empreint toujours de l'esprit de son chef; l'équité ferait droit et pourrait, par gradation, parvenir jusqu'à nous.

Au plaisir que l'on éprouve de revoir sa patrie, il en est un autre auquel le soldat aspire, c'est de la rendre tributaire envers lui des services qu'il lui a rendus; car il faut en convenir, nous avons tous notre petite ambition : tel artisan sorti de son village court après la renommée, il s'avance à grands pas vers l'arène pour la forcer à prôner ses actions. Dès notre entrée en Belgique, quel est celui, parmi nous, qui n'espérait pas mériter et obtenir des honneurs ? Quel désappointement! revoir la France sans avoir combattu; quitter le séjour où la gloire devait couronner nos efforts, pour rentrer sous une domination vexatoire; le masque est levé, et avec lui s'évanouit l'illusion de l'espérance.

L'armée conserva son organisation, le régiment cantonna à Maubeuge et aux environs, chaque escadron devant successivement se remplacer après un mois de séjour dans chaque cantonnement.

La mauvaise saison se faisait déjà sentir ; les chemins vicinaux, ordinairement mal entretenus, rendaient la circulation difficile entre Maubeuge et nos cantonnemens ; aussi n'y allait-on que par rapport de service ; mais, en revanche, nous avions les agrémens de la chasse et jouissions chez les propriétaires d'une liberté inconnue dans les casernes.

Qu'ils seraient longs les instans passés loin de nos amis et d'une maîtresse qui nous adore, si de temps en temps le hasard ne nous procurait d'heureuses distractions ; certes il est des momens où l'on est heureux de trouver, loin de celle qui nous est chère, une personne qui puisse la remplacer momentanément, en nous accordant des faveurs dont l'amour n'est pas toujours le prix ni la récompense. Ami du plaisir, un hussard doit s'en procurer jusqu'à satiété, et régler ses intrigues amoureuses en raison des momens que lui accorde un séjour illimité.

Partant de ce principe, la constance n'est pas notre partage. En effet, il serait difficile de voir parmi nous un amant se plaindre d'une longue résistance de l'objet qu'il aime, s'affliger pour une œillade qu'il a lancée et à laquelle on n'aura pas répondu; se prendre de belle passion sans oser en faire l'aveu; cette timidité sied à un écolier; chez nous il faut savourer toutes les délices de l'amour sans être véritablement amoureux; le beau sexe est indulgent, il pardonne volontiers une étourderie à l'uniforme plutôt qu'un naïf aveu à la délicatesse d'un amant. Ceci approche un peu de la légèreté, et peut-être me fera-t-on un reproche de l'avouer, car toutes vérités ne sont pas bonnes à dire; mais quand l'expérience dénote chaque jour les progrès de l'inconstance, on me pardonnera, j'en suis certain, d'autant plus que je fais exception pour qui de droit. En tous cas je ne m'en plains pas, car généralement nous nous rendons réciprocité, et il est à observer que je ne m'attache ici qu'à la condition dont je fais partie. Mais revenons à nos cantonnemens.

Situé dans un terrain marécageux et se trouvant presque isolé, le village du Vieux-Menil n'offrait rien d'attrayant à l'époque où nous y fûmes. Dépouillée des beautés de la nature, la campagne n'est plus qu'un vaste champ où l'esprit réfléchi du philosophe vient y chercher une nouvelle étude que la main de la Providence soumet à son examen; tout est tranquille au hameau : point de spectacles, point de bals, point de cohue, point de politique, point de révolution; mais l'on y goûte les douceurs d'une heureuse sympathie inconnue aux cités; et là, tandis qu'un ministre fait jouer les ressorts de l'intrigue pour faire voter un gros budget, ici l'heureux habitant des campagnes attend avec une sorte d'assurance que le Créateur lui rende ses greniers abondans; entouré d'une petite famille et de quelques domestiques dont il est le chef, son bonheur est de s'en faire aimer autant qu'il les aime lui-même; son pouvoir souverain ne s'étend jamais jusqu'à l'arbitraire, et son gouvernement paternel ne sait faire que des heureux.

J'aurais pu tirer cet exemple de l'honnête cultivateur chez lequel je fus logé, et à la complaisance duquel je dois plusieurs renseignemens administratifs sur cette classe pauvre, qui ne furent point sans utilité pour moi. « Mon ami, me disait-il un jour, comme vous j'ai servi la France, j'étais jeune alors; j'ai vu les Pyramides, Marengo, Austerlitz, et bien d'autres jours heureux que ma mémoire ne saurait reproduire; je me rappelle encore le noble enthousiasme qui m'inspirait à Arcole : mon courage y fut dignement récompensé, je fus signalé à l'empereur, et il m'admit dans sa garde; dans sa garde ! songez qu'à cette époque c'était jouir d'une faveur que l'on n'accordait qu'au mérite; cependant je n'étais pas né pour l'état militaire. Après avoir payé le tribut à ma patrie, je rentrai dans mes foyers, et n'eus point la douleur d'assister aux désastres qui, plus tard, l'accablèrent. Vous connaissez les conditions que nous imposa l'étranger, il n'est point de jour qui ne nous en retrace l'affreux souvenir, et malgré les concessions qu'on dut nous accorder, il ne put y avoir compensation avec le mal que notre département eut à souffrir. » Je lui fis observer que les douceurs de la paix dont la France a joui depuis 1815, pouvaient au moins y amener une amélioration sensible. « Les douceurs de la paix! interrompit-il avec véhémence, elles furent mille fois plus onéreuses que ne le fut le système impérial, au moment où la gloire de nos armées assurait à l'industrie la garantie de ses marchandises; mais la dépréciation qui s'ensuivit alors affaiblit le monopole chancelant de nos contrées; aujourd'hui les réactions doivent l'anéantir.... » Il entra en ce moment un maréchal-des-logis et plusieurs hussards, que la chasse avait conduits de ce côté; on leur offrit des rafraîchissemens qu'ils acceptèrent; je sacrifiai le reste de cette journée à faire avec eux la guerre aux moineaux, et après avoir été bien crotté, harassé, exténué de fatigue, je rentrai au logement.

Amour! volage amour! que je plains le pauvre mortel soumis à ton empire; mais heureux, mille fois heureux celui que ta puissance magique seconde et ne laisse à ton influence que les souvenirs d'une courte jouissance acquise sans les droits de la sensible amitié. Tendre mélancolie, sauve donc cet amant que l'ennui consume! Mais non, tu aimes que les soucis l'assiégent, qu'il soit languissant. Reparais donc, dieu téméraire ; rends-lui la vie, aide-le à recouvrer cette pauvre raison prête à s'échapper d'un cerveau que ton cruel ascendant a fracturé ; procure-lui de nouvelles faveurs, augmente tes victimes, rends enfin à son âme agitée le calme dont elle a besoin pour user de toute la malignité que lui inspire ton inconstance.

Je m'étais cependant bien promis, lors de ma rentrée en France, qu'Eléonore et Lucie occuperaient désormais mon unique pensée ; entendez-vous, Eléonore et Lucie ! Pourquoi deux maîtresses à-la-fois ? Il n'y a point de justification : c'est encore ici l'effet bizarre de l'amour, qui veut que j'en aime une par estime, par sympathie ; l'autre, parce qu'elle me laisse encore beaucoup à désirer, et que la passion qu'elle m'inspire ne peut s'éteindre que dans un feu de voluptés. Ainsi Eléonore et Lucie étaient aimées, mais l'illusion devait reproduire dans les bras d'une autre, les jouissances que toutes deux m'auraient procurées à-la-fois.

J'ai déjà dit que mon cœur, facile à s'enflammer, ne saurait voir avec indifférence deux beaux yeux, un joli corsage, sans s'en trouver vivement ému ; et si par malheur celle qui possède ces avantages est constamment près de moi, je ne réponds pas d'avoir assez de retenue pour ne pas lui avouer ce qu'elle m'inspire. Pénétré de cet axiome, qu'il ne faut jamais remettre au lendemain ce que l'on peut faire le jour même, dès notre arrivée à nos cantonnemens j'avais remarqué une jeune, grosse et fraîche paysanne qui, de temps en temps, me donnait aussi un coup-d'œil à la dérobée ; quoique cela n'eût rien de significatif au village, je crus cependant m'apercevoir que cette beauté rustique ne serait pas inaccessible, pour peu que je me donnasse la peine de lui faire connaître mes intentions : je me promis intérieurement de profiter de la première occasion ; elle ne tarda pas à se présenter.

Une après-dînée que j'avais épié ses démarches, sachant qu'elle devait se rendre au hameau voisin, je feignis d'aller communiquer des ordres et je fus à sa rencontre. Je la rejoignis bientôt dans un enclos dépendant de la ferme où j'étais logé ; l'endroit était désert et tout-à-fait favorable pour un entretien secret ; je m'approchai d'elle, et, après quelques mots insignifians, je m'expliquai ainsi :

« Savez-vous que vous êtes gentille, mademoiselle Henriette ?

— Pardienne, je l' savons ben ; vous n'êtes pas le premier qui me l' dites.

— Sans doute que vous avez un amoureux ?

— Ah ! ben oui, un amoureux ! j'en serions ben fâchée, les garçons sont tous trompeurs.

— Vous vous en faites une bien mauvaise idée.... Tenez, mademoiselle Henriette, depuis que je suis ici, que j'ai l'avantage d'admirer vos charmes, je n'ai pu résister au désir de vous aimer; si vous voulez consentir à recevoir mes hommages, croyez....

— Qu'est-ce que vous dites donc là?...

— Je dis que je ferai mon bonheur à vous consacrer tous mes instans... que je vous aimerai toute ma vie, si....

— Vous dites ça à c'tt' heure, mais plus tard....

— Je vous jure que rien ne peut changer ma résolution.

— Hem.... dam, qui sait?... Oh! je n'aime pas qu'on me chiffonne, par exemple; ma tante m'le défend toujours quand elle m'écrit.

— Au moins, permettez-moi de vous embrasser?

— S'il ne faut que ça pour que vous restiez tranquille, je le voulons ben, mais que ça tant seulement.... A propos, de queu pays êtes-vous donc ?

— De Paris, ma belle Henriette : y connaissez-vous quelqu'un ?

— Je le crois ben que j'y connais queuqu'un ; j'y avons ma tante, qui est grosse mercière dans la rue Sainte-Anne. C'est que ma tante est une femme d'esprit, voyez-vous ; elle me dit toujours d'aller la voir, et ma foi je crois que je ne ferais déjà pas si mal..... Eh ! ben, vous ne m'avez pas encore assez embrassée ?

— Je vous aime tant !

— Aïe donc, finissez ou je m' fâche..... Oh ! je ne suis pas bonne ; ma tante m'a toujours défendu de me laisser patiner comme ça par les garçons.

— Votre tante n'a pas le sens commun, Henriette.

— Allons donc..... v'là-t-il pas..... prenez garde ou je tape..... Oh! ben, c'est des bêtises ça, par exemple..... Aïe!.... aïe!.... »

Henriette avait fait un faux pas.

Ainsi que toutes les femmes, Mlle Henriette aime le plaisir, et, depuis notre première entrevue dans l'enclos, le pied lui a glissé plus d'une fois. Mlle Henriette a aussi l'ambition de parvenir; car elle me parle continuellement de sa tante et du projet qu'elle a conçu de se rendre à Paris, où elle espère, à l'aide de sa parente, quitter ses gros habits de bure et devenir une femme tout-à-fait à la mode.

Delille a dit : « Le temps serre les nœuds que l'instinct fait éclore. » Comme l'amour goûté au hasard doit finir avec la jouissance, je n'éprouvai aucuns regrets lorsque je quittai les cantonnemens de Maubeuge ; il n'en fut pas de même quand je partis de Paris. Je crois donc reconnaître que l'amitié ne peut être un sentiment durable qu'autant que la sympathie des cœurs en est la base ; que sans elle, l'amitié n'est qu'un mot illusoire, employé souvent, il est vrai, mais pour mieux tromper celle qui vous l'inspire.

Je ne m'étendrai pas davantage sur ce sujet. Qui n'a pas été soumis à l'empire tyrannique qu'exerce l'amour sur l'humanité ? Heureux celui qui a pu se soustraire à sa fatale démoralisation ! il est à l'abri de remords et de regrets éternels.

XIV.

Réflexions sur l'état militaire (juin 1832).

En quoi consiste donc le bonheur, si après tant de sacrifices pour l'obtenir on ne peut encore goûter en entier cette jouissance; tout se renferme ici dans un même sens : chacun vise au bonheur, chacun le savoure suivant ses goûts, ses habitudes ; l'un franchit les mers pour aller le chercher dans des contrées lointaines, l'autre le trouvera peut-être où tout semblait manquer à celui-ci pour le rendre heureux.... Le bonheur est pure fiction : un roi le trouve dans celui du peuple qu'il gouverne, un soldat dans la gloire, l'avare près de ses trésors, un amant téméraire dans les bras de sa maîtresse, un ivrogne en sablant le Bordeaux, et l'honnête homme dans de généreuses inspirations ; et ces différentes sortes de jouissances qui se rattachent à une même illusion, ne sont goûtées en général que par ceux qui en saisissent le sens, sans les rechercher ailleurs que sous une perspective naturelle.

Cinq ans et quelques mois se sont écoulés depuis que j'ai quitté le joli vallon où l'amour vint embellir des instans dont le souvenir a toujours pour moi quelque chose d'enchanteur ; j'étais heureux alors, et pourtant, au sein de ce délire de voluptés, mon âme éprouvait un vide qui contrastait mal avec le pouvoir sympathique qui semblait à jamais m'y fixer. Insensé! je me crus esclave, je voulus secouer un joug dont le seul fardeau à supporter était une constante amitié! Soins, prévenances, pleurs, rien ne fut écouté; je crus ma liberté menacée, et j'allai l'asservir sous huit ans de despotisme et d'arbitraire. Que me reste-t-il de mes vaines chimères? À quoi me mènera la vanité puérile dont mon jeune âge s'est bercé? Ah! puisse cette leçon de l'adversité détruire en moi jusqu'au moindre germe d'ambition! Nous ne sommes plus au temps où la Gloire admet au nombre de ses favoris des vertus plébéiennes; errante et fugitive, elle a fui nos bords, chassée par le vil métal qui corrompt, qui subjugue tout, et qui éteint tout sentiment généreux qu'autrefois faisait naître une belle action.

Lorsqu'un jeune homme, plein d'enthousiasme, comme on l'est à dix-huit ans, pour se créer un avenir de gloire et d'honneurs, se jette corps et âme dans un régiment, son inexpérience devient alors la cause première qui l'enchaîne à des conditions qui lui répugnent à remplir ; remontons à la source.

Rien de plus joli qu'un uniforme, rien de plus attrayant, rien de plus séduisant ; après viennent l'amour de la patrie, l'honneur de la défendre ; certes il n'en faut pas tant, chez nous, pour émouvoir une âme ardente. La gloire, il y en a partout à bien faire ; mais celle-ci est périlleuse, je l'irai chercher dans des pays lointains, je m'attacherai à ses pas, je la forcerai à... Mais non, il serait injuste de penser qu'elle ne dût pas me combler de ses faveurs ; puis j'aurais payé mon tribut à la patrie. Excellente idée ! si c'est par devoir que vous devenez soldat, à la bonne heure ; mais si franchement vous y mettez tant soit peu de vanité, vous vous sacrifiez, vous donnez à l'ignorance, et souvent à l'arbitraire, le soin d'étouffer la noble et légitime ambition que votre amour-propre vous a inspirée, et qui devait, à mérite égal, vous faire parvenir un jour comme tant d'autres.

Je vois, vous invoquez le règlement qui

constitue le droit, et duquel, selon vous, l'on ne saurait s'écarter sans manquer à l'équité. Eh ! mon Dieu oui, le règlement est une loi, et les hommes qui le font observer sont des sujets très soumis, dépendans, corrompus ou faciles à corrompre, qui ne doivent souvent l'élévation de leur grade qu'à la bassesse de leur âme; toute leur force est dans la loi, ils en usent plus ou moins despotiquement, sacrifiant aux préjugés un principe que leur ineptie ne saurait reconnaître, la justice.

Il serait inconvenant de s'exprimer ainsi pour tous, loin de moi l'idée de la calomnie; l'exemple ne me manquerait pas si je voulais citer des vertus particulières, restreintes dans le cercle étroit de la modestie; je rejette toute personnalité, n'importe de quelle nature qu'elle soit ; et si quelquefois ma plume s'arme du trait de la satire, c'est qu'il n'est point d'objet si futile qu'elle ne s'attache à révéler, à combattre s'il est vicieux; c'est qu'elle veut faire rejaillir la honte sur ceux qui méritent d'en subir le joug.

L'état militaire n'est cependant pas sans quelques agrémens ; mais, je le répète, c'est un devoir difficile, épineux à remplir ; il est sacré dans de certaines circonstances ; il devient ennuyeux, insupportable, lorsque l'inaction le laisse aux prises avec la pensée. Par le temps qui court, pour l'homme qui pense, qui aime son pays, qui en veut l'indépendance, l'état militaire le paralyse, et comprime sous son uniforme les sentimens de patriotisme dont son cœur est imbu. En effet, on ne peut nier que les émeutes, sans cesse renouvelées, qui laissent toujours des malheurs à déplorer, sont de nature, sinon à paralyser le courage des militaires appelés pour y ramener l'ordre, du moins à faire naître en leur cœur une impression fâcheuse contre le pouvoir qui n'a pu les prévenir. Quoi ! dans l'intérieur de la France, dans le centre de la civilisation, à Paris même, on commande, on veut que des soldats sans pitié, inhumains, se livrent à cette force barbare et matérielle pour écraser des hommes au nombre desquels ils peuvent compter des parens ou des amis! Est-ce que le pouvoir, n'osant se servir de la hache révolutionnaire, voudrait faire de nous des sbires de Sixte-Quint ou des familiers de l'Inquisition? Qu'il se détrompe : ceux qui seraient tentés de seconder de pareilles vues, la France les rejetterait hors de son sein et les frapperait pour toujours de l'opprobre.

Telle est pourtant la malheureuse position dans laquelle nous ont placés des hommes aveugles en leur système, absolus dans leurs idées; mais cette tendance de désunion entre l'armée et le peuple ne saurait exister; le peuple nous a rendu nos libertés nationales, nous saurons les maintenir. Que l'on ne vienne donc point ici nous donner des éloges en style ampoulé sur la conduite qu'ont tenue quelques-uns de nos frères d'armes dans les troubles de Grenoble; nous réfutons ces louanges;* ce n'est qu'en face de l'ennemi de la France qu'un soldat français s'honore et se glorifie d'en mériter.

* Ordre du jour à l'armée, du ministre de la guerre (avril 1832).

Le mal n'est cependant pas sans remède. Que le prince, éclairé sur les véritables intérêts de la nation, comprenne qu'il est temps enfin de sortir de cet état léthargique; la révolution de juillet a fait naître un cri de liberté chez presque toutes les nations; il est étouffé en Pologne, prêt à s'éteindre en Italie. Que le souffle impétueux des barricades le ranime; arrachons au despotisme ces belles contrées auxquelles notre exemple fut si funeste; ne souffrons point que les hordes sauvages du nord en imposent aux phalanges glorieuses de notre belle France, que vingt années de conquêtes ont immortalisées. Il est temps de prendre l'initiative : c'est alors que, secondant l'impulsion du peuple, le trône de juillet peut se consolider; s'il a des ennemis, ils seront ceux de la France, et les ennemis du trône ne sont pas à redouter quand les Français l'entourent.

A Dieu ne plaise de m'ériger en censeur politique; un soldat doit une obéissance passive à ses devoirs, j'y suis subordonné; les événemens rapides qui se sont succédés m'ont seuls fourni l'occasion de jeter au hasard cette courte narration, qui se rattache aux circonstances du moment, mais qui doit passer inaperçue comme l'opinion de l'auteur qui l'a tracée.

Après avoir séjourné quelques semaines dans les environs de Maubeuge, le régiment vint à Lille, où, par une coïncidence remarquable, peu de temps après j'y rencontrai M. Lelong, qu'une affaire importante y avait amené. M. Lelong avait autrefois connu mon père; il m'avait même, pendant mon séjour à Paris, rendu plusieurs services pécuniers dont il lui tint compte; je pouvais encore espérer de son obligeance, et certes elle vint fort à propos; car, depuis mon départ pour l'armée, malgré le vœu de ma famille, souvent j'avais été pressé de ressources en argent, mobile de toutes les actions de l'homme. Qui diable, disais-je en moi-même, peut amener ici ce légitimiste de première force, je ne lui connais aucune relation commerciale? La médisance me fit même penser qu'il pouvait bien être un délégué d'Holy-Rood, exploitant le département du Nord au nom de Henri V, dont les prosélytes avaient soulevé le Midi, et pour qui un grand nombre d'émissaires parcouraient différens points de la France : cela étant, je me serais bien gardé de répondre à l'invitation qu'il m'avait faite ; mais j'avais besoin de lui ; il est de certains momens où la nécessité fait bannir le scrupule.

Je me rendis donc à l'hôtel de Flandre, j'y trouvai mon généreux ami ; il se leva dès qu'il m'aperçut, me prit la main, me la serra cordialement et nous nous mîmes à déjeuner. « Eh ! bien, mon cher, me dit-il, nous triomphons... Jamais plus beau jour n'a lui pour les destinées futures !....

— Vous triomphez, monsieur Lelong, je ne vois pas de quelle manière.

— Je dis nous, mon ami ; je dis nous, car tu n'as pas abandonné, je le pense, la cause à laquelle tu semblais naguère prendre un si vif intérêt. Oui, mon ami, nous triomphons ; le gouvernement du roi constitutionnel vient de l'emporter sur ses nombreux ennemis, la faction est perdue !... La duchesse de Berry est prisonnière !... Quelle capture !.. » Puis M. Lelong se frottait les mains en me montrant l'article du journal qui lui indiquait cette prise importante.

J'étais tout ébahi, non pas comme M. Lelong, de la capture dont le gouvernement s'était emparé, mais bien de la joie qu'il exprimait en me manifestant le désappointement que devaient éprouver les révoltés. Comment se peut-il, pensai-je, que l'homme qui se répugnait à se décorer des couleurs nationales, lors des trois journées, vienne aujourd'hui se rendre l'apologiste d'un système que jadis il voulait renverser ? Je lui en fis mes observations.

« En vérité, me dit-il, penses-tu que le système actuel soit de 1830 ? Il faudrait, pour le croire, être peu clairvoyant ; mais patience, on vous dessillera les yeux.... Cela t'étonne, je ne vois pas pourquoi ; tu as cru, parce qu'il y avait quelques mauvaises têtes en 1830 qui ont voulu faire une révolution; tu as cru, dis-je, que le gouvernement serait assez insensé pour en accepter le principe ; il en fut autrement, on congédia les premiers, et, par une heureuse réaction, on nous rendit au centuple ce qu'un pouvoir faible nous avait fait perdre.

— Et c'est par-là que vous triomphez, monsieur Lelong?

— Précisément, mon cher.

— Mais vous vous perdez dans la considération de vos amis.

— Qu'importe.... pure sottise, j'en acquiers près du gouvernement.... Mange donc, tu me disais avoir bon appétit.... Comment trouves-tu ce vin? pas aussi bon que le Chablis de ton oncle, n'est-ce pas?

— Mais il est possible, » répondis-je. A part le vin dont il me versait force rasades, je n'en étais pas moins convaincu de la petitesse dont il s'était rendu coupable, et il fallut, pour détruire la première impression qu'il m'avait faite, que ses confidences sur le but de son voyage, me prouvassent les rapports d'intérêt qu'il avait avec ce caméléonage d'opinions, assez commun à l'homme qui reconnaît un maître dans son semblable.

Bien que M. Lelong eût chanté victoire, la France n'en touchait pas moins à une commotion politique qui détermina le gouvernement à prendre des mesures rigoureuses. Le 5 juin vit naître des désordres dont la révolution de juillet n'a point donné exemple ; la nation en deuil au convoi du général Lamarque, protesta contre le système qu'il avait combattu et qu'il combattit jusqu'à sa dernière heure ; le 6 les troubles augmentèrent, et, pendant ces deux jours de désolation, la France eut à regretter des citoyens égarés par différens partis, qui, deux ans auparavant, s'étaient donnés la main pour la cause sacrée. Dès-lors la confusion devint générale; on suspendit les lois, et la capitale fut livrée à la justice militaire. Ces scènes se passaient pendant que M. Lelong habitait Lille, et il n'était pas homme assez indifférent pour rester neutre dans une action qui le touchait de si près. « Voyons, se disait-il en commentant les colonnes du *Constitutionnel* qu'il ne dédaignait plus; voyons, les républicains ont été battus.... Ho! ho!... ils se sont emparés de la poudrière, ont désarmé plusieurs postes!.... Hem, la garde nationale n'est pas très sûre.... Holà! garçon, préparez mes malles.... C'est bon.... force est restée à la loi.... C'est bon, j'attendrai à demain. »

Le 7 je rendis visite au doctrinaire. « Arrive donc, mon ami, me dit-il, je t'attends avec impatience, ça va mal à Paris.... Hem! qu'en penses-tu?...

— Vous triomphez, monsieur Lelong; vous triomphez. » Nous descendîmes au café Américain, où nous apprîmes par les journaux du soir les événemens du 6 et la mise en état de siége de la capitale. « En état de siége ! s'écria-t-il transporté ; garçon.... un verre de verjus.... C'est excellent, dit Lelong en avalant la liqueur un peu aigre.

— Pour moi, répondis-je, je ne puis le digérer. Garçon, donnez-moi....

—Que faut-il vous servir, Monsieur? répondit le garçon.

— Ce que vous voudrez, mon ami, je n'y tiens pas.... Si fait, donnez-moi du nectar Napoléon.

—Oh ! que c'est mauvais, répliqua Lelong ; cette liqueur m'irrite les nerfs.

— Je ne vous oblige pas d'en prendre, Monsieur.

—Voyez! ajouta-t-il en parcourant *les Débats,*

quel trait de patriotisme! un sous-lieutenant voulant passer du côté des factieux, est conduit par ses soldats à la Préfecture.

— Oui, un capitaine de la garde nationale fait feu sur le peuple et se barricade chez lui.

— Des cris *à bas! Louis-Philippe!* mais c'est odieux!... Oui, *vive la liberté!* c'est plus sonore.

— Le roi passera demain la revue de la garde nationale et de la ligne; encore des récompenses à décerner; elles sont bien méritées celles-là au moins.

— Oui, un jeune officier refuse la croix.

— Hem! qui vous dit cela?

— Le journal.

— Il ment.

— Il cite un fait.

— Cela n'est pas probable, refuser la croix ! une fois qu'on l'a ici, qu'importe l'action qui vous l'a fait mériter, chacun l'ignore.

— Il est plus honorable de l'obtenir en combattant pour l'indépendance de son pays, que de l'acquérir en sacrifiant tel parti à un autre ; et, sous ce rapport, cet officier aurait trouvé parmi nous des imitateurs.

— Allons, ajouta Lelong, tout va bien, le conseil de guerre s'organise, viendront ensuite les exécutions.

— Je n'ai point de vœux à former, Monsieur : la France est fertile en vengeurs quand elle est arrosée de sang. »

Deux ou trois jours après Lelong reçut l'ordre de retourner à Paris ; il partit immédiatement, en ne cessant de me répéter que tout allait bien, et qu'aussitôt son arrivée il m'écrirait.

XV.

Semestre. — Un instant de bonheur. — Résolution désespérante. — Un ami. — Mille exemples pour un.

Laissons M. Lelong ramper sur la route de l'intrigue ; laissons-le se pâmer, s'épanouir et applaudir avec ses nobles amis les succès remportés par le pouvoir sur les citoyens dans les journées des 5 et 6 juin ; laissons aussi la politique et les protocoles innombrables; la Belgique sera libre, ainsi que l'assure la conférence de Londres (à moins que le thermomètre de La Haye reste invariable); laissons enfin tout ce qui peut irriter une opinion et chatouiller l'oreille d'un diplomate; retournons vers la vallée où j'ai laissé l'aimable Eléonore; pénétrons dans l'appartement de ma voluptueuse baronne et de son adorable fille; de même que mes lettres de recommandation, repassons en revue ces diverses créatures, dont j'espère faire un meilleur usage.

Quoiqu'Eléonore m'ait déjà répété cent fois qu'elle veut m'oublier, cela ne l'empêche pas de m'écrire régulièrement tous les mois; en m'assurant chaque fois qu'elle ne m'aime plus, elle a toujours soin d'ajouter dans un *post-scriptum* : « Vivrai-je encore long-temps dans cette cruelle » attente? tu veux donc que je t'oublie tout-à- » fait? » Il faut que la baronne soit bien crédule, ou qu'elle feigne bien de l'être : me croire encore amoureux d'elle ! Pauvre baronne ! elle ne pense donc pas à ses rides, à ses quarante printemps; cela m'étonne qu'elle ajoute foi à mes protestations; n'importe, elle veut user de tout son crédit pour me faire obtenir un semestre; si elle réussit je me propose d'en profiter.

Lucie est toujours la même à mon égard, je crois à sa sincérité; je crois, je me trompe, je veux dire qu'elle me paraît sincère, que son style est persuasif; cependant, à quinze ans, le cœur n'est point encore corrompu; je ne veux pas éclaircir cela, je pourrais même me contredire et peut-être me tromper. Je l'aime vraiment cette petite fille; je me rappellerai toujours avec plaisir le jour où nous allâmes nous promener au cimetière du Mont-Parnasse : avec quel recueillement, avec quelle ingénuité elle me jura, sur la tombe de sa sœur, de n'aimer que moi.... Il est vrai que de pareils sermens, faits à quinze ans, s'oublient souvent à seize dans les bras d'un autre, mais ils n'en prouvent pas moins à celui qui les reçoit qu'il est aimé : si c'est encore là une ruse de femme, j'avoue de bonne foi que j'en ai été la dupe.

Cependant Lucie m'écrit secrètement, c'est-à-dire que sa mère l'ignore : oh! qu'une jeune fille sait bien cacher ce secret-là. La baronne m'écrit aussi à l'insu de sa fille, mais, plus hardie en son style épistolaire, elle me laisse entrevoir que son cœur, éteint par la jouissance, s'est rallumé au feu de mes baisers; ils étaient pourtant bien froids. Que répondre à tout cela quand on ne peut disposer que du peu de temps que l'on vous accorde; que cinquante lieues vous séparent, et que, pour surcroît de malheur, une jolie rivale est là pour vous faire tout oublier et vous rendre, malgré les meilleurs sentimens possibles, parjure à toutes vos promesses.

Toutes les trois attendent après mon arrivée; si elles savaient que, pour répondre à leurs tendres épîtres, je me sers souvent de la même copie, de quels reproches ne m'accableraient-elles pas; mais un amant adroit ne fait cet aveu que lorsqu'il ne peut lui être préjudiciable, ou pour dissimuler une intrigue; alors il cherche dans ses souvenirs les distractions nécessaires pour éloigner ses amis de sa nouvelle conquête.

Un jour que je m'enivrais de plaisir et souriais en songeant aux projets de madame de Lécourt, on m'apporta un énorme paquet venant de Paris, dans lequel était renfermé un certificat signé, approuvé, vu et parafé par le préfet, constatant que des affaires indispensables de famille y réclamaient ma présence; puis une autre lettre adressée au colonel, par laquelle Mme la baronne de Lécourt le prie instamment de souscrire à la demande d'Alphonse B....., son neveu. J'ignore si cette recommandation prévalut, mais huit jours après le lieutenant-général avait signé un congé temporaire de trois mois, qui m'autorisait à me rendre à Paris. Un moment j'eus l'intention d'aller embrasser ma mère, mais cette idée était sans doute trop noble pour qu'elle se fortifiât dans mon frêle cerveau; je m'étais cependant rendu au bureau des diligences dans le dessein de prendre une place pour Aumale; je ne sais comment cela se fit, je la retins pour Paris; puis, m'apercevant de suite de ma méprise, je n'eus pas le courage de changer de destination : je partis.

J'occupais une place dans l'intérieur de la voiture avec trois messieurs et une dame, tous quatre d'un âge avancé, personnages fort respectables, mais desquels il ne me fut pas possible d'obtenir un seul mot jusqu'à Douai, où la dame et deux messieurs descendirent; je demandai alors à celui qui restait avec moi s'il se rendait à Paris ; sur sa réponse affirmative, je lui proposai de prendre quelques rafraîchissemens; il me remercia en me disant qu'il venait de quitter ses amis, avec lesquels il avait dîné, et que les libations de Bacchus le mettaient dans l'impossibilité d'accepter mon invitation; sur ce, il se mit à ronfler. Il est quelquefois agréable de voyager en aussi aimable société, on réfléchit à son aise.

Le jour commençait à paraître lorsque la voiture traversa Saint-Denis, et s'arrêta pour relayer; le monsieur, qui n'avait pas cessé de dormir, se réveilla en sursaut et me demanda si nous étions déjà à Saint-Quentin. « Il paraît, lui dis-je, que le trajet ne vous a pas paru long; nous touchons aux portes de Paris. » Nous descendîmes un instant, duquel ledit monsieur profita pour se restaurer amplement; car il était à sa deuxième bouteille de Bordeaux et à sa troisième douzaine de talmouses, lorsque le conducteur cria : en voiture. « Il est fort désagréable, me dit-il, de voyager en diligence, on ne peut satisfaire ses premiers besoins. » Puis il se remit à dormir; il me parut cependant qu'il ne s'en était pas mal acquitté.

Mon impatience a cessé; je retrouve Lucie, je la presse dans mes bras, je la couvre de baisers; ses paupières sont humides, ce sont des larmes de plaisir et d'espérance qu'elles répandent; celles-là ne sont point amères, elles disposent le cœur à de plus doux sentimens. La reconnaissance me fait aussi un devoir d'embrasser la baronne, et ce seul baiser me laisse deviner ce qui se passe en son âme.

Soit que Mme de Lécourt voulût me ménager un tête-à-tête avec Lucie, ou qu'elle pensât avec raison que mes premiers hommages lui appartinssent, et qu'après une longue absence on a beaucoup de choses à se dire; ou que mieux encore elle voulût, par cette condescendance à mes désirs, se réserver de nouveaux droits à mon amour, après les premiers transports de l'amitié, elle supposa un prétexte pour s'éloigner, et nous quitta. Pour ne pas être interrompus, nous passâmes, Lucie et moi, dans sa chambre, où bientôt s'ouvrit pour nous un ciel d'amour. O Lucie! comment peindrai-je ces jours de bonheur passés au sein de toutes les délices enivrantes de la volupté; comment exprimer ces momens de délire où mon âme, ivre de jouissances, expirait sur ton sein palpitant de plaisir et d'amour! où mon âme, ô mon adorable amie, était dans chacun de mes doigts lorsqu'ils palpaient les contours enchanteurs de ton corps d'albâtre! Non, l'amour ne peut s'énoncer que par les jouissances qu'il procure, ses ineffables bienfaits sont inconnus aux froids mortels.

Pour éviter la médisance (car il y a des mauvaises langues partout) je passai à Paris pour le neveu de la baronne, tel qu'elle me l'avait annoncé au régiment; par conséquent j'étais de plein droit le cousin de Lucie. O puissance magique de la nature! à toi seule il appartient de surmonter les préjugés, de faire régner suivant ton gré une âme plébéienne sur celle d'une marquise, d'une comtesse, d'une reine, sans qu'elles ne vous demandent pour cela d'autres titres nobiliaires que le feu de votre âme, un déluge de voluptés et la possession de votre être. Aimable et bonne petite cousine, combien j'aimais à jouir de ton embarras lorsque, pendant une soirée, ton œil indiscret trahissait ton amour en dévoilant les sentimens de ton cœur; ou que, dans un moment d'oubli, le mot de tendre ami s'échappait involontairement de ta bouche ; combien de fois encore, maudissant le monde et ses bruyans plaisirs, attendions-nous avec impatience l'heure de la solitude ; c'est alors que ton regard était animé, un soupir était compris, tu rougissais, et en te pressant sur mon cœur je me dilatais aux palpitations du tien.

Pendant que je passais ainsi mon temps, tout entier aux plaisirs, inquiète de ne point recevoir de réponse aux lettres qu'elle m'avait envoyées, Eléonore avait écrit à M.***, officier au régiment, et le priait instamment de lui faire savoir ce que j'étais devenu. Pour donner plus d'assurance à sa demande, elle se disait ma mère et peignait toute l'inquiétude que mon silence lui faisait éprouver. Etonné que je ne me fusse pas d'abord rendu chez mes parens, M. *** m'adressa de vifs reproches et me fit parvenir la lettre de ma mère supposée. Qu'elle était expressive ! quel tendre intérêt elle prenait à moi ! elle me rappelait que j'avais une mère, mais une véritable mère qui gémissait de mon absence :

devais-je être insensible à ce cri sacré ? Non, j'étais étourdi, léger; si l'amour filial ne régnait pas toujours en mon cœur, il n'y était pas éteint, parfois même il y reprenait la première place. Je résolus de me rendre à Aumale, j'en prévins Lucie, et, quoiqu'elle ne m'approuvât pas, je partis deux jours après.

Là m'attendaient de nouveaux plaisirs; l'amour me réservait de nouvelles faveurs qui me firent oublier qu'il existait d'autres belles qu'Eléonore, d'autre bonheur que celui de la posséder. Je revis aussi l'honnête M. Gérôme, et force me fut de me rendre à ses invitations amicales. Excellent homme !

Combien fut grand mon étonnement en retrouvant dans mon pays natal M. de Clairefort, mon généreux protecteur. Depuis deux ans M. de Clairefort était veuf, il avait quitté la capitale, où rien ne l'attachait plus, et s'était retiré à Aumale, où il passait des jours tranquilles près de son aimable Isabelle, à laquelle il s'était uni. Quelque temps après leur hyménée, le vieux Belmonti mourut dans les bras de M. de Clairefort et lui donna sa bénédiction. A quelles cruelles pensées mon cœur ne fut-il pas livré en songeant que leur fils, le seul ami de mon enfance, qui pût rendre leur bonheur parfait, n'était pas là pour partager notre joie ; à peine si j'osais prononcer son nom ; ses parens ignoraient ce qu'il était devenu, et conservaient encore l'espoir de le retrouver ; moi seul je n'en avais plus, je souffrais, mais je ne devais point déchirer leur cœur en leur apprenant l'affreuse vérité.

Des intérêts de famille m'obligèrent à prolonger indéfiniment mon séjour ; les conseils de l'amitié m'ayant fait apercevoir la conduite inconsidérée que j'avais jusqu'alors tenue envers mes parens, je résolus d'achever mon semestre parmi eux, de rompre avec la baronne, de ne plus retourner à Paris et d'abandonner la carrière militaire ; quoique cette dernière condition fût vivement désirée par ma famille, je n'y consentis qu'à demi. Des bruits de guerre, qui semblaient s'accréditer, portèrent de nouveau à mon imagination des pensées chimériques; je voulus attendre. Cependant j'avais promis à Lucie un prompt retour; il faut croire qu'en amour les promesses sont bien frivoles, car j'oubliais dans les bras d'Eléonore celles que j'avais faites à Lucie. On ne peut ici m'adresser aucuns reproches, ce n'est pas moi qui trompe, c'est l'amour, qui, partout où il vous procure des jouissances, vous dit : profitez. Les égards que je devais à la baronne, les souvenirs de ma Lucie que j'aimais, me déterminèrent à lui écrire ; je ne savais quelle défaite employer, mais songeant tout-à-coup que Mlle de Lécourt m'avait dépeint son frère orgueilleux de son rang et du titre de baron, je lui exprimais alors que ma position ne me permettait pas d'aspirer à sa main; que, dans la crainte que son frère n'apportât par la suite un obstacle à nos vœux, il valait mieux le prévenir, et, dans notre intérêt commun, en rester là. Pauvre Lucie! je ne connaissais pas ton cœur, je me reprocherai toujours de l'avoir livré au désespoir. Voici en quels termes la baronne répondit à ma lettre.

« Je ne puis penser que la lettre que je viens
» de recevoir soit de toi; je ne conçois pas que,
» pour m'annoncer d'aussi fâcheuses nouvelles,
» tu n'aies pas pris plus de ménagemens par rap-
» port à la malheureuse Lucie, dont tu connais
» la sensibilité. Je ne puis t'exprimer la position
» où elle se trouve par ce fatal aveu. Si M. Jules
» C.... ne fût venu à propos pour calmer son
» chagrin, elle partait pour te rejoindre; à la
» suite d'un grand accablement, elle est tombée
» dans un accès de fièvre, sa vie est en danger;
» il n'y a que ta présence qui puisse la sauver et
» la rendre à sa pauvre mère; si tu ne te rends
» tout de suite près de moi, si tu es assez cruel
» pour ne pas acquiescer à ma demande, j'irai te
» chercher, même à ton régiment; car, pour
» sauver ma fille, que ne ferais-je pas. Dans ce
» moment elle reprend connaissance; elle veut
» absolument t'écrire un mot pour te faire con-

» naître ses intentions ; elles seront les miennes
» pour vous, mes enfans. Je suis si désolée,
» que ma lettre est sans suite, mais elle exprime
» ma pensée, tu dois savoir l'apprécier.

» Ta Maman,
» Baronne DE LÉCOURT. »

De la main de Lucie était tracé plus bas :

« Il me reste encore assez de force, tendre
» ami, pour joindre mes prières à celles de
» maman et te supplier de revenir près de moi;
» mon Alphonse, je serai à toi, nul obstacle ne
» m'en empêchera ; tu m'aimes, ton amour me
» suffit et soutient mon courage. Mon bien-aimé,
» ou plutôt chéri, prends pitié de ta Lucie, le
» coup que ta lettre a porté à son cœur est au-
» dessus de ses forces ; mais avant qu'elle ne
» succombe, viens, qu'elle te voie encore une
» fois, une seule fois, qu'elle te presse sur son
» cœur ; ne lui refuse pas, souviens-toi de tes
» promesses.

» LUCIE. »

Non, ma Lucie, non, ma tendre amie, je ne te refuserai pas, je vais.... Mais voyons donc, la baronne me dit que, sans M. Jules, elle partait pour me rejoindre; raison de plus pour que j'y cours de suite. Jules est un charmant garçon, un véritable ami; mais je crains que ses consolations ne me soient funestes..... Oh! non, Lucie..... un consolateur......

Je suis certain que plus d'une aimable lectrice, me jugeant indigne de recevoir de pareilles protestations, plaint en secret la pauvre Lucie de les adresser à un homme capable d'en douter. Rassurez-vous, belles dames, un amant qui hésite à essuyer des pleurs si amers, n'est pas digne d'être heureux. Sans approfondir si ces pleurs étaient sincères ou simulés, je quittai de nouveau ma famille et allai porter à ce cœur désolé le baume réparateur dont il avait besoin. Je lui rendis la tranquillité et le bonheur; j'étais son idole, elle fut ma divinité.

En amour, quand on savoure le bonheur, le secret d'un amant est de savoir le ménager, de le rendre durable, le varier sous différentes nuances, afin que se présentant tous les jours à nos sens sous une forme nouvelle, il chasse l'ennui, effet ordinaire que produit l'habitude; il faut sans cesse multiplier, renouveler, étourdir notre imagination de cette brillante perspective, que souvent un rien altère, qui s'effraie de son ombre, et qu'un regard indiscret détruit. Pour maintenir l'amour dans son ardeur primitive et en goûter sans amertume toutes les délices, il faut se prémunir contre le penchant qui entraîne à la satiété, et contre la jalousie qui rend cette passion frénétique et la change souvent en une haine implacable.

Pendant que j'étais à Aumale, Jules avait rendu de fréquentes visites à la baronne dans le but bien désintéressé d'apporter des distractions au chagrin que Lucie prenait de mon absence. A mon retour, il me sembla qu'une intimité rapprochée existait entre Lucie et mon ami : était-ce à titre de reconnaissance ? je l'ignorais ; mais un sentiment qui n'était point encore de la jalousie, pénétra mon âme et la rendit méfiante. Je connaissais Jules incapable de me tromper; mais l'opinion assez légère qu'il avait des femmes, en se rendant agréable à toutes, plutôt pour étudier leur caractère et se rire de leur faiblesse, me le faisait redouter. Souvent il lui était arrivé (toujours avec mon assentiment) de m'enlever des maîtresses, dans l'intention, me disait-il, de m'éclairer; je craignais une nouvelle preuve de ce genre; il devait bientôt me la donner.

Je l'ai déjà dit, Jules est franc, il est aimé de ses amis; il aime toutes les femmes, sans s'attacher à aucune; c'est habitude chez lui d'être galant; toujours gai, jamais un air de mélancolie ne vient attrister ses regards ni le rendre pensif. Il dit à une aimable dame, *j'aime*, avec la même sincérité qu'il me propose une partie de campagne ou un écarté; incapable de sacrifier un ami à sa maîtresse, il ne connaît de l'amour que la jouissance, et ne la recherche jamais au préjudice de celui-ci.

Une seule fois dans ma vie, la jalousie a percé mon cœur de son trait empoisonné : j'aimais Lucie, ses dernières preuves d'attachement avaient rendu le mien sincère; je ne pouvais croire que, parjure à toutes ses promesses, elle préférât un autre à celui pour lequel seul elle voulait vivre : un moment j'eus honte de mes doutes et me les reprochai; je voulus combattre et détruire en moi-même le sentiment qui me minait; loin d'elle j'y serais parvenu peut-être; mais sans cesse dans ses bras, je frémissais d'horreur en songeant qu'un autre pût la posséder. Quoique n'ayant aucune preuve évidente de son inconstance, un secret pressentiment me poursuivait sans relâche et me rendait soupçonneux malgré ma volonté. Seul avec elle je retrouvais tout son amour. Jules paraissait-il, elle devenait rêveuse; jouait-on, elle se plaçait à côté ou en face de lui, usait de mille prévenances à son égard, et souvent mes yeux rencontraient les siens se portant langoureusement sur ceux de mon ami; alors Jules ne cherche point à augmenter mon embarras, il le devine, il me marche sur le pied ou me serre affectueusement la main ; on dirait que je lui fais pitié ; il craint de m'instruire parce qu'il sait que j'aime ; mais il le faut, l'amitié lui en fait un devoir : s'il tarde davantage, il comptera une conquête de plus et un ami de moins. Le croira-t-on, malgré la conviction qu'il me donna de la perfidie de Lucie, je refusai d'y croire, je voulais trouver une excuse qui effaçât, aux yeux de mon ami, la légèreté de ma maîtresse, je voulais la justifier : dernier effet de l'amour-propre, de ne jamais convenir de ce qui peut éveiller la susceptibilité ; je voulais bannir de la pensée de Jules ce qui accablait la mienne. « Non, disais-je à mon ami, étonné de mon obstination ; non, Lucie est jeune, étourdie, mais elle ne peut avoir, j'en suis certain, les sentimens que tu lui supposes.

— Oui, en effet, un peu étourdie ; et si je te disais.... Non, tu ne veux rien croire, cette Lucie te fascine les yeux. Alphonse, est-ce que tu aurais des dispositions à devenir un mari comme ce bon monsieur Gérôme, duquel nous avons si souvent ri ?

— Mon ami, Lucie est bien élevée.

— Ton Eléonore aussi, et cela ne l'empêche pas.... Le système d'éducation n'entre pour rien là-dedans.

— Mais à quinze ans !... Lucie est humble, honnête.

— Oui, mais

> « Crois-tu que d'une fille humble, honnête, touchante,
> » L'hymen n'ait jamais fait de femme extravagante ? »

Au surplus, les opinions sont libres, si cela t'arrange.... Cependant je serais fâché que tu fusses dupe à ce point. Tu es bien convaincu qu'elle t'aime, que son amour est infaillible, je veux encore te donner la preuve du contraire, ce ne sera pas la première ; je veux te retirer du précipice. Comment mes leçons ne t'ont point éclairé, tu mords comme cela à l'hameçon! Allons, je viens à propos, la coquette sera punie, demain je te remettrai l'anneau que tu lui as donné ; demain, oh! je me réjouis d'avance.... Je t'attends ici à quatre heures : si ta maîtresse n'y est à cinq, elle est digne de ton amour. »

Eh ! bien, j'étais encore assez stupide pour accuser intérieurement Jules de présomption ; l'image de l'innocence où j'avais connu Lucie, les aveux que son âme naïve avait faits à mon cœur, les momens délicieux passés près d'elle, sa dernière lettre, la scène qui avait eu lieu au Mont-Parnasse, se présentèrent successivement à mon imagination et combattirent les préventions de mon ami. Le jour suivant arriva. Qu'il me fut difficile de dissimuler ; vingt fois mon cœur fut sur le point de s'épancher dans le cœur de Lucie, espérant y retrouver la tranquillité et faire cesser des soupçons que je trouvais exagérés. Jules ne vint point de la journée chez la baronne, j'en fus étonné. Il est trois heures, Lucie est près de moi, sa blanche main caresse mes naissantes moustaches, ou se perd dans une boucle de mes cheveux ; il est trois heures, et Lucie, que je tiens dans mes bras, qui me comble de caresses, qui me prodigue les noms les plus doux, sera à cinq dans..... Oh! non, cela n'est pas croyable ; éloignons cette idée.... Ciel! elle vient de jeter un regard vers la pendule; elle a murmuré, comme involontairement, il n'est que trois heures !

« Pourquoi s'occuper de l'heure, ma bonne amie : est-ce que ton Alphonse ne te les fait plus oublier ?

— Méchant! viens présider à ma toilette, je dois sortir.

— Ne dois-je pas t'accompagner?

— Non, mon chéri, je vais chez ma tante; tu sais combien elle est ridicule..... Pourquoi t'affliger pour une heure d'absence.... Embrasse-moi donc.... Rends visite à M. Jules, tu le négliges vraiment trop.....

— Ma Lucie, tu sais que Jules est très léger, et que toi-même ne te soucie pas que je le voie ailleurs que chez ta mère.

— Oh! mon bon ami, M. Jules est bien changé..... Prends garde, mon corset me fait mal. »

Un mouvement convulsif, prompt comme l'éclair, parcourut mes membres; un froid glacial circula subitement dans mes veines, je frissonnai, je voulus parler, j'allais me trahir; me rappelant la parole que j'avais donnée à Jules, je me remis aussitôt; voulant dérober le trouble que me causait le pénible pressentiment auquel j'étais livré, je bannis toute pensée affligeante, et mon émotion se perdit dans vingt baisers que je pris sur des appas pour lesquels la flamme la plus pure avait brûlé: qu'ils étaient amers! Lucie s'admire dans une psyché; je fais quelques apprêts de toilette, et, sous prétexte d'aller lire les journaux, je me rends chez Jules, laissant mon indigne maîtresse

attendre avec impatience l'heure du rendez-vous.
« Elle est à toi, dis-je à mon ami, j'ai tout découvert.... la perfide!....

— Tu ne lui as rien laissé pénétrer?....

— Non.

— A la bonne heure. Où diable avais-tu donc la tête, en prétendant qu'une femme se donnerait sans réserve à toi seul, s'abandonnerait exclusivement à ton amour inconstant? Peste, quel égoïsme. Sois raisonnable : pourquoi exiger d'elle plus de constance que tu n'en as, car enfin tu aimes Lucie, tu passes le temps avec sa mère, Eléonore ne t'est pas indifférente ; et pendant que tu étais à Lille, ne m'as-tu pas dit que ta Juliette te les faisait oublier toutes trois? Or, si tu as quatre maîtresses, il est bien permis à Lucie d'avoir deux amans.

— C'est juste, mon ami ; je voudrais qu'elle en eût cent, et qu'elle n'affectât point un sentiment hypocrite. Lorsque j'étais chez mes parens, n'aurait-elle pas dû m'y laisser? Et cette vertu dont elle fait apanage !...

—Voilà ses torts.... Chut, on monte; retire-toi dans cet appartement, tu pourras voir, entendre.... et ma foi les choses iront aussi loin que tu le voudras, ce sera à toi d'en décider. » On entre : c'est elle !....

Je ne saurais dépeindre quelle impression pénible serra mon cœur en apercevant mon infidèle maîtresse; un voile épais me dérobait ses traits, sa voix pénétra mon âme et l'anéantit; il me sembla être le jouet d'une vision; à plusieurs reprises je passai une main sur mes yeux, croyant qu'ils m'abusaient. « Quoi ! Lucie me trompe !.. » Oh ! je ne pouvais le croire, et cependant j'entendais l'entretien qui devait me le confirmer. Les yeux baissés, elle était restée immobile au milieu du salon; Jules s'en approcha, puis l'attira doucement sur le canapé; j'écoutai :

« Que de charmes ce voile dérobe à mes regards !

— Pourquoi l'ôter ?

— Pourquoi le retenir ?

— Monsieur Jules !

— Mon adorable belle !... »

J'en avais déjà trop entendu; il se fit un moment de silence, elle reprit : « Comme je suis inconséquente de souscrire ainsi à vos désirs!

— Ne sont-ils pas ceux de l'amour le plus pur, ma chère Lucie? Ce cœur qui vous appartient, et où vous régnez en souveraine, ne forme de vœux que pour votre bonheur..... Le vôtre ne m'accorde qu'une place secondaire, tandis qu'Alphonse....

— Pouvez-vous encore croire, ingrat ?... Jules, mon ami, ne parlons que de notre bonheur.

— Pouvez-vous le rendre parfait, lorsque cette main, ornée des dons d'un autre, me rappelle sans cesse un rival?... Lucie, cet anneau vous fut donné par Alphonse....

— Méchant, soyez satisfait, je ne le porterai plus; je vous l'abandonne.

— Adorable amie !... » Jules tourna en ce moment la tête vers la porte de l'appartement où j'étais caché, et d'où mon œil avide, fixé sur le trou de la serrure, plongeait sur le fatal canapé; un sentiment de vengeance m'anima, mes mains se crispaient aux panneaux de la porte; je suffoquais, j'eus la pensée de me précipiter vers la perfide et de la faire rougir de son action; je la voyais entourer Jules de ses bras, le presser contre son sein découvert. Tel que le zéphyr léger rafraîchit la rose en lui donnant une vigueur nouvelle, tel je voyais en elle le présage du bonheur l'animer de tout son éclat, et souffler sur ses charmes ce feu embrasé dont s'échappent mille étincelles de volupté.

Jules tourna une seconde fois la tête de mon côté; alors je ne vis plus rien, je voulus faire

un mouvement, et je tombai sans connaissance...
La voix d'un ami me tira de mon engourdissement. « Viens, me dit-il, viens dilater ton âme; » et il m'entraîna dans une chambre voisine, où j'aperçus Lucie étendue sur un divan, ne donnant aucun signe d'existence. Oubliant alors sa trahison, je courus vers elle pour la secourir; Jules m'arrêta. « Malheureux ! lui dis-je, tu l'as tuée !

— Que t'importe, me répondit-il froidement; rien ne peut racheter le mal qu'elle t'a fait souffrir. Tiens, reprends cet anneau, elle est indigne de le porter. » Puis prenant un flacon de sels, il lui en fait respirer; je voulais m'éloigner. « Reste, ajouta-t-il, son réveil serait trop doux si tu n'étais là pour lui rappeler son rêve. » Lucie reprit connaissance, les sanglots l'étouffaient, elle se cachait la figure avec les mains. « Mademoiselle de Lécourt, lui dit gravement Jules, une voiture est en bas à votre disposition, Alphonse va vous y conduire; imitez-le, soyez calme; j'espère que vous lui direz adieu. » Elle s'évanouit de nouveau, et ses lèvres froides murmuraient tout bas : « Alphonse, pardonne-moi. » Jules la fit accompagner, et la voiture partit.

« Allons, me dit mon ami, chassons l'humeur noire, le Champagne est fait pour cela ; on dit beaucoup de bien de la pièce nouvelle du Vaudeville, nous irons ce soir ; on la dit tout-à-fait de circonstances. » On jouait *Un de plus.*

En nous rendant au théâtre, un de ces hommes qui crient les nouvelles du jour s'approche de nous en répétant pour la millième fois : « *Le voilà pour deux sous à tout le monde, l'extrait du Moniteur contenant l'Ordonnance du Roi, pour la rentrée de l'armée française en Belgique le 15 novembre ; le voilà pour deux sous.*

— Si tu ne me laisses tranquille, lui dit Jules, je vais te caresser avec ma canne.

— Comment ! dis-je à mon ami, la rentrée en Belgique de l'armée française !

— L'ordre en a été expédié hier soir ; c'est après demain que s'opère le mouvement. Où cours-tu donc ?

— Aux messageries royales, mon ami. » Et me débarrassant de son bras, je me dirige précipitamment vers la rue Notre-Dame-des-Victoires ; en tournant celle des Fossés-Montmartre, je me trouve face à face avec un Monsieur sur lequel je faillis tomber.

« Quel est donc le maladroit qui n'y voit pas dans cette rue ? Il me semble pourtant que les réverbères....

— Je vous demande.... Mais c'est monsieur Lelong !

— Quoi ! c'est toi, Alphonse ? Où cours-tu donc ainsi ?

— Aux diligences.

— Pourquoi ? qu'y vas-tu chercher ?

— Je suis venu en semestre et je retourne à Lille.

— Qu'y faire? Veux-tu une prolongation, je puis te la faire obtenir ; je suis....

— Comment! vous ne savez pas que la campagne commence, que le canon gronde à la frontière, et que rien ne peut me retenir ?

— Prolonge ; je puis tout.

— Tant mieux pour vous.

— Eh! bien va au diable, mauvaise tête! tu verras que ce n'est pas toujours le cheval qui gagne l'avoine qui la mange. »

XVI.

Nouvelle expédition en Belgique. — Derniers momens d'un réprouvé. — Moralité. — Henriette à Saint-Denis.

Entourée de ses remparts, baignée par l'Escaut et défendue par un savant général, la citadelle d'Anvers attendait avec un noble orgueil qu'on vînt lui disputer, par le droit des armes, les concessions que tous les protocoles de Londres n'ont pu lui arracher. La Belgique implora de nouveaux secours, et, pour la deuxième fois, les Français ont franchi la frontière pour acheter de leur sang une portion de terrain dont la possession irrite la colère des rois.

La brume épaisse du matin enveloppait encore l'atmosphère ; la vedette attentive, placée sur la route de Merxem, pouvait à peine apercevoir l'éclat du feu des bivouacs voisins ; une pluie froide et fine, battue par le vent, tombait sans discontinuer ; de temps en temps se faisaient entendre au loin quelques décharges de mousqueterie ; plusieurs officiers d'ordonnance parcouraient la ligne de toute la vitesse de leurs chevaux. Il est dix heures : tout-à-coup une fumée épaisse s'élève en tourbillon, l'airain résonne, et mille bouches à feu portent la destruction et la mort dans la citadelle. Un mouvement de surprise et de joie apprend spontanément à l'armée que les hostilités sont commencées ; la voix du chef anime, l'ambition de la gloire ; la soif de vaincre, tout concourt à donner aux soldats cette force invincible qui doit ajouter aux lauriers qui couvrent notre glorieux étendart; ces murs, que le temps a respectés et qui ont résisté tant de fois à la foudre, vont tomber devant l'intrépidité de nos braves.

Cependant le mauvais temps augmente; les chemins deviennent impraticables et présentent mille difficultés à surmonter; mais il n'est rien d'impossible quand il s'agit de vaincre : le feu soutenu des assiégés augmente l'ardeur des assiégeans; le plomb meurtrier exerce ses ravages des deux côtés. La mort est là, chacun veut la braver et ne lui trouve rien d'effrayant, la gloire l'accompagne. C'est en vain que le feu vomi par la citadelle décime les rangs français, ils vont porter jusque sous les murs les projectiles enflammés qui doivent causer sa destruction; l'Escaut esclave en frémit, et ses eaux captives reprennent leur cours sous l'étendart de la liberté.

Le jour de la reddition nous étant trouvés,

Louis et moi, de service auprès des Princes, nous obtînmes, non sans peine, la permission de visiter la citadelle. Une cruelle pensée me rappela les limites que nous traça l'étranger, lors du traité de Paris. Anvers fortifié, rendu presque imprenable par la volonté d'un grand homme et avec l'assentiment de la France, devait, en 1832, servir de tombeau à ses enfans. Ses murs décrépis, criblés par la mitraille et comblés en plusieurs endroits, avaient encore je ne sais quelle grandeur qui commande le respect et le recueillement. Là, c'était un canon sans affût, un caisson à moitié caché sous un monceau de terre; une jambe ou un bras emporté, que la curiosité des étrangers remuait, comme pour s'assurer à qui avait appartenu cette partie du corps ; plus loin, des casemates remplies de blessés, de morts et de mourans ; puis des casernes, des magasins incendiés, et le râlement de malheureux qui expirent..... Puis encore sur la place, des généraux assemblés admirent la tenue de leurs soldats, les passent en revue et applaudissent à leurs succès. Devant eux défile la garnison prisonnière : horrible et humiliant sacrifice imposé par le vainqueur aux vaincus ! Quel poids accablant font peser des hommes sujets sur des hommes esclaves !

« Éloignons-nous, dis-je à mon ami, cela n'a rien d'attrayant.

— Aperçois-tu, me dit-il, au milieu de ces décombres incendiés, quelqu'un qui s'agite ? c'est un militaire : regarde, quelles contorsions ! oh ! c'est effrayant ! Il semble s'enlacer à ce corps étendu près de lui, dont il ne reste que le tronçon ; si nos secours pouvaient lui être utiles ? » Au même instant nous nous en approchâmes ; le malheureux était parvenu à se traîner jusque sur les restes d'un officier hollandais, autour duquel ses membres roidis se crispaient ; il fit un dernier effort pour l'étreindre, et il retomba expirant sur le cadavre inanimé.

« Fuyons, dis-je à Louis en m'emparant avec violence de son bras ; fuyons cette scène d'agonie, elle me fait mal, elle me brise le cœur ! » J'avais reconnu dans le mourant Jacques Ráye, et dans l'officier hollandais Edouard Belmonti !

La Gloire, fidèle aux descendans des héros de Wagram et de Marengo, avait couronné leurs courageux efforts; ils avaient vaincu, mais les murs d'Anvers étaient teints du sang de leurs frères : la prospérité de la Belgique exigeait davantage et laissait leur tâche imparfaite; l'amour national excita en eux une noble émulation; à tous la conscience leur criait : en avant ! Peut-être l'arrêt du Destin allait s'accomplir, lorsqu'une politique *éclairée* mit un frein à leur ardeur, et ceux qui devaient venger Waterloo se replièrent une seconde fois : à la revue passée à Lille leur enthousiasme s'éteignit. On fut de nouveau caserné ! Oh ! que ce mot résonne mal à l'âme d'un soldat dont l'ardeur belliqueuse berce son imagination bouillante, et qui trouve dans son opinion de justes motifs pour désapprouver la cause qui le rend inactif; pour lui, *être caserné*, c'est souffrir continuellement les maux de l'agonie. Que l'on ne croie pas pourtant qu'un sentiment sordide ni une barbare joie soient la base de ses inspirations ; non, un soldat généreux ne peut approuver ceux qui trouvent leur félicité dans les droits inhumains que les fureurs de la guerre entraînent ; il ne peut approuver que leur cœur, insensible au malheur d'autrui, s'abreuve de délices, ni que leurs mains, chargées de rapines, arrosées du sang des victimes, oublient un instant l'humanité pour s'abandonner froidement à un intérêt cupide, que convoite une âme vile, dépourvue de toute sensibilité. Telle du moins n'était pas la pensée dont nous étions pénétrés en quittant le territoire belge ; en nous, c'était le vœu national qui demandait satisfaction ; c'était la vengeance qui nous désignait du doigt le Lion de Waterloo ; c'était une soif ardente, inaltérable, qui ne pouvait s'étancher que dans le sang de nos ennemis.

Il n'est point de victoire qui ne coûte au vainqueur. Quoiqu'une pensée pénible affectât la France, elle avait vu avec orgueil ses enfans marcher gaîment au premier appel qui leur fut fait, car elle n'ignorait pas qu'Anvers présenterait un obstacle qui, pour être surmonté, coûterait la vie à un millier de ses soldats; mais cette idée était vivement combattue par le vif désir de remplir la mission que la révolution de juillet semblait lui avoir imposée; déjà le coq gaulois planait sur la tête du farouche animal, et, de son pied d'airain, menaçait de le culbuter du piédestal où l'orgueil des rois despotes, tant de fois battus, a su jusqu'ici en maintenir l'équilibre.... Guillaume, contraint de céder à la force, s'était retranché dans ses marais; la Prusse, tremblante dans le Luxembourg et le Limbourg, attendait dans une espèce d'agonie le dénoûment de ce drame, dont la fin devait balancer son existence. La Pologne asservie n'aspirait qu'au moment favorable pour secouer son esclavage et briser de nouveau ses chaînes. La Russie seule, du fond de ses antres sauvages, s'était levée en masse et prenait une attitude altière. Mais qu'importe qu'un dernier cri de désespoir, poussé par l'absolutisme expirant, veuille ternir de son souffle impur l'éclat de notre jeune liberté; que nous importe encore que le Don vomisse des nuées de cosaques contre nous, et qu'une ligue de rois ennemis de la souveraineté populaire nous maudissent en secret, et opposent à nos généreux et légitimes desseins leurs légions serviles courbées sous le poids de la tyrannie? Qu'ils craignent plutôt que parmi ces hommes dont ils rabaissent la qualité, il s'en trouve qui élèvent leurs voix en faveur du droit des gens, dont ils sont privés depuis trop long-temps par leur pouvoir absolu.... Tout est disposé pour la guerre. Le dieu des combats sourit à la vue de tant de guerriers qui attendent, pour se livrer à leur fougueuse impétuosité, que le signal soit donné; ils sont prêts, ils s'avancent, déjà le fer.... Arrêtez, enfans d'Eylau, comprimez votre élan; ce n'est plus sur un champ de bataille que se décide maintenant le destin d'un empire; ce n'est plus les armes à la main que vous pouvez, en affrontant le danger, vous venger d'un affront : le bruit du canon épouvante les rois. La diplomatie, traînant après elle et l'intrigue et toutes les lenteurs des cabinets, doit disposer de votre gloire et faire assez pour votre satisfaction.... France, pleure sur tes fils! O mânes de Waterloo! levez-vous : que votre ombre sanglante, offensée, pénètre dans les replis du cœur de vos lâches bourreaux et y répande un froid de mort; qu'elle les poursuive dans les recoins les plus obscurs, et qu'elle brise à-la-fois toutes les fibres de ceux qui n'ont osé vous venger. On rétrograda.

La paix fut conclue.... L'armée du nord, disjointe, prit garnison sur différens points de la France, et, sous une apparence de tranquillité, tout s'exécuta suivant l'ordre régulier. Ah! s'il était permis à un soldat, dans ces momens de découragement, d'exprimer librement sa pensée, que ne dirait-il pas? Dans ces momens d'ennuis insupportables, où sa raison combat intérieurement le principe qu'on lui oppose, que ne ferait-il pas pour vaincre, persuadé qu'il est que l'honneur et l'intérêt de la Patrie dépendent du succès? Mais chez lui tout est réglé dans un ordre habituel, il n'est plus qu'un être dégradé par le régime dénaturé et les contraintes tyranniques sous lesquels il est assujetti; il ne conserve de l'homme que le nom ; il ne doit pas penser, il doit vivre, voilà tout : c'est une mécanique que la voix électrise, que la volonté fait mouvoir. Malheur donc si un jour, s'abandonnant malgré lui aux mouvemens de son âme, il songe à reprendre un instant sa dignité long-temps opprimée ; alors des lois inhumaines, des lois abominables, des lois de sang enfin disposent brusquement de sa vie et lui font trouver, dans ses plus chers compagnons, d'insensibles assassins.

N'y a-t-il donc aucun moyen d'adoucir un usage aussi barbare, si contraire à la nature, et si peu en harmonie avec nos dispositions primitives ? Quand donc ceux que le hasard place dans un rang supérieur, comprendront-ils que tout homme est un ? N'écoutant que la voix intérieure qui leur crie *égalité*, ils repousseront d'indignes préventions, et ne séviront que d'après leur conscience. Impartialité, sévérité et même justice pour tous ; même affection si votre cœur en est susceptible ; point de privilége : une réunion d'hommes que l'intérêt de la patrie rassemble, unis pour la même cause, ne peuvent le souffrir. Pourquoi toujours nous laisser entraîner au gré de nos caprices, quand la grandeur de notre âme désapprouve intérieurement nos actions ? Ne croyez pas, parce que vous pouvez frapper fort, frapper toujours juste. S'il est glorieux de commander, il est doux de se faire obéir sans murmure ; ne craignez point de vous abaisser souvent jusqu'au grade inférieur, et gardez-vous surtout de heurter brutalement ses inclinations, en détruisant le dernier germe de liberté qui reste en son âme ; soyez accessible, il est rare alors que lui-même ne cherche point à vous rehausser en rampant devant vous; évitez la bizarrerie, et n'allez pas vous armer de toute l'autorité des lois pour condamner aujourd'hui ce qu'hier vous avez toléré. Point de paroles amères, car de leur fiel empoisonné naissent les passions haïneuses du subordonné envers celui qui les profère. Et si malgré tous vos égards, vos prévenances, vous faites encore des ingrats, vous, que votre position rend fixe dans l'état militaire, vous n'aurez pas à vous reprocher la perte de quelques infortunés qu'un instant d'oubli a portés à méconnaître vos marques distinctives ; car, ne vous abusez pas, il est rare que ce soit à l'homme que s'adresse le manque de respect, mais bien au grade, qui rend souvent le chef arbitraire et lui fait oublier ses premiers devoirs, ceux d'être homme.

Je ne saurais dire pourquoi mon âme s'élève comme involontairement pour combattre de telles maximes. Sans doute qu'entraînée par l'amour de la vérité, elle se laisse aller au penchant qui la domine; car si j'implore la tolérance, c'est dans l'intérêt commun. Comme soldat, j'ai su de bonne heure me pénétrer de mes devoirs; et je m'y suis toujours soumis. Non, ces paroles ne sont point dictées par l'impulsion d'un malheureux qui gémit sous les verroux.

Mais de quels funestes exemples n'ai-je pas été témoin ! que d'enfans enlevés à leur famille ! que d'hommes ravis à la société pour avoir, dans un moment d'erreur, voulu s'affranchir de l'oppression sous laquelle ils gémissaient, qu'un peu d'indulgence aurait pu sauver, mais qu'un vain orgueil a perdus !

Après la revue de Lille, la brigade d'Orléans se mit aussitôt en mouvement et vint prendre garnison aux environs de Paris. Ce n'étaient plus des chants de gloire et de patriotisme qui se faisaient entendre dans ses rangs ; une marche morne et silencieuse semblait être le prélude du mécontentement que chacun éprouvait en soi ; et la sévère discipline, qui souvent d'un soldat fait un homme muet, ne put cette fois étouffer en lui un cri de conscience qui désapprouvait hautement une semblable conciliation. Pour se rendre à sa destination, le régiment passa par Saint-Denis, où il fit séjour. Louis me témoigna l'envie de se rendre à Paris et me pria de l'accompagner ; j'acceptai, et ayant fait toutes nos dispositions, nous nous préparâmes à partir.

Si le lecteur bénévole a suivi Alphonse pas à pas sur les traces de sa vie privée, dans la carrière épineuse des armes; s'il a parcouru avec lui les plaines sablonneuses de la Belgique, si son cœur s'est soulevé avec le sien aux Champs de Waterloo, si enfin il a souri quelquefois au récit de ses frivoles amours, il se rappelle sans doute une jeune fille, grosse, fraîche et réjouie, avec laquelle il fit connaissance dans les cantonnemens de Maubeuge. Après notre rentrée en France, Henriette avait su que le régiment se rapprochait de Paris; poursuivie sans cesse par l'idée de se rendre chez sa tante, et peut-être aussi dans l'espoir de me revoir, elle résolut d'accomplir un dessein que depuis longtemps elle méditait. Je ne puis encore m'expliquer par quel coup du hasard je la rencontrai à Saint-Denis, positivement au moment où mon ami et moi allions prendre la voiture de Paris. « Eh! bien, descends-tu ? » me disait Louis, qui était déjà en bas de l'escalier tandis que j'achevais de m'habiller. Tout-à-coup une femme, introduite par une domestique de l'auberge, entre dans ma chambre, se jette à mon cou, et de ses bras m'étreint si fort que je faillis en être suffoqué. « Morbleu ! faites donc attention, la grosse, vous m'étouffez. Diable ! quelle pressante démonstration d'amitié ; vous faites erreur, ma chère.... Ouf ! que vois-je ? Henriette ! Comment, toi ici ?...

— Pardienne ! ce n'est pas faute d'avoir bien cherché toujours ; mais c'est égal, j'aurions putôt fait les quatre coins de Saint-Denis pour vous trouver.

— Lâche-moi donc, tu vois bien que l'on nous observe. (Louis était remonté.)

— Queu que ça m' fait.

— Oui, mais tu me serres trop fort.

— Vous n'avez pas toujours dit comme ça ? »

Louis était resté comme stupéfait sur le seuil de la porte; jamais il n'avait vu Henriette, et n'avait eu dans nos cantonnemens aucune connaissance de mes plaisirs passagers. « Explique-moi, me dit-il, si toutefois cela ne peut te déranger, explique-moi, je te prie, quelle est cette personne? Est-ce ta mère, ta sœur, ou quelque parente qui te croyait parti pour l'autre monde? En vérité je n'y conçois rien, cette femme s'exprime envers toi comme si c'était....

—Tais-toi donc, Louis.

— Oui, Monsieu, répond Henriette, qui n'avait point perdu un mot de ce qu'avait dit mon ami; oui, je l'i parle comme si c'était..... Si ça vous défrise, j'en sommes ben fâchée. N'est-ce pas, mon joujou?.... Est-ce que c'est la maison du bon Dieu, ici?....

— Louis, fais-nous monter quelques rafraîchissemens; Mademoiselle a sans doute besoin...

— Pourquoi donc que tu m'appelles *Made-*

moiselle à c'tte heure? est-ce à cause de ce Monsieu qu'est là, et qui n'a pas du tout l'air tranquille? Si ça le contrarie de rester avec nous, il peut s'en aller. Dam, tu l' veux ben, n'est-ce pas?... ô coquin!....

— Ne parle pas si haut.

— Ah ça, va-t-i bentôt arriver, lui, avec ses combestiles, car j'ai boug...... faim. A propos, faut que j' te dise pourquoi je sommes venue ici : d'abord tu sais que je t'avions promis que je penserions toujours à toi.... c'est que vois-tu je sommes de parole ; je voulions savoir si tu me reconnaîtrais ; mais t'es ficr à présent ; puis j' me suis dit : ben, si je ne l' trouvons point, j'irons voir not' tante. J'ai appris en route que l'régiment devait passer par Saint-Denis ; j'y sommes depuis deux jours en t'attendant, voilà.

— Comment, Henriette, tu t'es souvenue de moi ?

— Tiens, c'tte bêtise ! est-ce qu'on oublie ça comme ça ?

— Et quel est ton dessein maintenant ?

— De ne plus vous quitter, au moins pour quelques jours.

—La belle emplette! repartit Louis; en vérité, Mademoiselle dit cela d'un sérieux....

— Dam, j' le disons comme je l' pensons; au fait, cela ne vous regarde pas.

— Malgré le plaisir que j'éprouve à te revoir, je t'avouerai franchement, Henriette, que ta présence inattendue contrarie singulièrement mes projets : n'étant à Saint-Denis que pour un jour ou deux, je devais les passer à Paris, ton obstination me prive de me rendre à la sollicitation de mes parens.

— Rien n'empêche, allons-y ensemble.

— Il n'y a pas de raison pour que cela finisse, répliqua Louis.... Mademoiselle, ajouta-t-il en s'adressant à Henriette, Monsieur est mon ami, je pense qu'il est aussi le vôtre ; mais des affaires de la plus haute importance l'appellent à l'instant même à Paris ; vous ne pouvez vous opposer à ce qu'il s'y rende ; il serait donc inconvenant de vous obstiner plus long-temps à le retenir ; veuillez, je vous prie, nous....

— Oh ! je ne vous écoute pas, vous, vous ne dites que des bêtises ; ce n'est pas c'ty-là qui m'dit de m'en aller : n'est-ce pas que je resterons ici nous deux ? » Louis employa d'autres ruses pour renvoyer notre aventurière, mais ce fut en vain, elle lui répéta formellement qu'elle ne quitterait pas.

« Ma foi, me dit mon ami, arrange-toi comme tu pourras ; tu as là une singulière connaissance ! et si demain elle s'obstine à te suivre, elle ne peut manquer de te faire honneur.

— Je t'assure, dis-je à Henriette, que je conçois difficilement tes intentions ; sans doute je te sais bon gré de ton amitié, mais je ne peux approuver ta résolution : il faut nécessairement te rendre chez ta tante ; là tu seras tranquille, tandis que d'un moment à l'autre il se pourrait que le régiment changeât de nouveau.

— Eh ! ben, je suivrai le changement.

— Il vaut mieux écouter mes conseils et ne pas insister davantage à me suivre. Le plus tôt qu'il me sera possible j'irai te voir chez ta parente, dont je désire vivement faire la connaissance. »

Henriette ne souscrit à cet arrangement qu'à condition que je ne la quitterai pas pendant que nous séjournerons à Saint-Denis, et ne se décide à se rendre chez sa tante qu'après m'avoir fait promettre que j'irai la voir souvent.

Louis ne parut pas satisfait de cet accord ; pour moi, Henriette n'avait empêché que la moitié de mes projets, du reste elle me dédommagea.

Le lendemain le régiment continua sa route.

CONCLUSION.

Alphonse B*** à l'Auteur.

Aumale, ce   août 1833.

La résolution que vous avez prise de mettre en ordre plusieurs notions que j'ai jetées confusément sur le papier, m'oblige aujourd'hui à vous adresser quelques réflexions que vous pourrez, si vous le jugez convenable, joindre à la suite de votre récit. Puisque vous vous êtes donné la peine de retracer mes erreurs et les vôtres, car vous n'êtes pas, je le pense, étranger aux divers événemens qui se rattachent au rôle principal que vous me faites remplir, je dois, par une condescendance nécessaire à votre sujet, vous procurer la solution qui lui manque et que vous ne pouvez lui donner sans tomber dans l'invraisemblance.

Bien que nous nous soyons connus long-temps et qu'une affection mutuelle nous rapprochât souvent, nous avons été l'un et l'autre ce que sont des camarades de collége, des amis de régiment : on s'oblige facilement et l'on s'oublie de même; il a fallu une circonstance comme celle-ci pour me procurer le plaisir de m'entretenir avec vous. J'ai lu avec attention votre manuscrit; je vous suis obligé de passer sous silence la cause principale pour laquelle je me suis retiré de l'état militaire; cette humiliation est trop offensante, et malgré le zèle que vous eussiez sans doute mis à me justifier, le public n'aurait pu croire à tant d'astuce de la part de ceux qui me l'ont suscitée. J'ai ouï dire dernièrement qu'un sous-officier avait éprouvé, lors des fêtes de juillet, une disgrâce à-peu-près semblable; cela ne m'étonne pas, néanmoins c'est odieux.

Le jour où je quittai le régiment (cinq mois après la reddition de la citadelle d'Anvers), je me rendis à Paris, comptant y passer quelque temps; mais le désir de revoir mon pays natal, et plus encore le bonheur de jouir de cette douce tranquillité que j'avais désirée si ardemment, me déterminèrent bientôt à rejoindre ma famille. Cependant je cédai aux sollicitations de plusieurs de mes amis, et j'ajournai mon départ. Je ne vous parlerai ici que de ceux qui vous sont connus et qui ont partagé les écarts dont ma carrière militaire fut le théâtre.

Jules continue à faire de fréquentes excursions sur le domaine matrimonial, et savoure à longs traits les plaisirs enivrans de la volupté aux dépens de l'hymen, quelquefois aussi aux dépens de sa santé; mais un étourdi n'y regarde pas de si près. En un mot, Jules n'est ni plus ni moins léger qu'autrefois. Je me garderai bien de l'imiter ; je n'ai point remarqué en lui la satisfaction que procurent de légitimes plaisirs, et lui-même m'a fait l'aveu que souvent, au milieu des jouissances sur lesquelles il est blasé, un dégoût surnaturel s'empare de tout son être et le jette dans de noires réflexions.

Pendant le peu de jours que je restai à Paris, il m'arriva un incident que je ne dois pas omettre. J'étais allé aux Français avec mon ami, lorsqu'à la fin du spectacle je fus arrêté par des gardes municipaux qui se trouvaient de service ; j'avais laissé mon acte de libération chez Jules, je ne pus le leur exhiber, et, malgré la caution que mon ami et moi nous leur offrîmes, ils me conduisirent chez le commissaire de police du quartier, où bientôt je parus en présence de M. Lelong.... qui, après avoir toussé, mis ses lunettes, se renversa nonchalamment dans un fauteuil, et d'une voix magistrale commença son interlocution d'usage : « Approchez, militaire : vos noms et prénoms?... Hem!... hem!... dans quel corps? Quoi!... Alphonse!... Gardes, retirez-vous. » J'expliquai à M. Lelong par quelle mésaventure j'avais été inquiété, et l'intention que j'avais de retourner dans mon pays. Il est inutile d'ajouter que sur-le-champ j'obtins ma liberté.

Jules m'a assuré que Mme de Lécourt avait quitté Paris pour habiter, avec sa bru, une campagne environnante; que Lucie avait pris le voile peu de temps après mon départ pour l'armée. Les nouvelles que je viens de recevoir de Louis, m'apprennent qu'il vient d'être promu à un nouveau grade. Je dois en tirer la conséquence qu'il se consacre entièrement à l'état militaire, carrière à laquelle il est encouragé par le général T...., son oncle, à la faveur duquel il doit son avancement.

Voilà, mon cher camarade, les détails sur lesquels vous n'aviez sans doute aucune connaissance; j'ai jugé qu'ils manquaient à vos mémoires. Vous en retirerez tel parti que vous jugerez convenable; de mon côté, je vous préviens franchement que je n'en accepte aucune responsabilité. Il ne me reste plus qu'une question à vous faire : Que devient Alphonse? vous n'en dites rien; je dois vous mettre au courant. Six ans d'adversité lui ont donné assez d'expérience pour qu'il puisse désormais se guider à travers toutes les chances du tumulte social, s'il se hasardait d'y reparaître. Retiré sous l'humble chaumière où il reçut le jour, il y goûte une douce tranquillité, à l'abri des tribulations mondaines; chéri de ses parens, il met tout son bonheur à s'en faire aimer et à leur faire oublier les torts de son jeune âge. Si quelquefois il se présente un compagnon d'armes, Alphonse n'est pas insensible à son infortune, il se rappelle l'exemple que lui donna un généreux étranger; afin de le disposer à la patience, il lui parle de gloire, d'honneur et de patrie.

FIN.

Imprimerie de E. CHAIGNET, à Rambouillet.

Ancienne Maison de Commission Raynal.

ISIDORE PESRON,

LIBRAIRE-COMMISSIONNAIRE,

13, RUE PAVÉE-SAINT-ANDRÉ,

PARIS.

Nouveautés.

ESSAI SUR L'ÉTUDE DE L'HOMME, considéré sous le double point de vue, de la vie animale et de la vie intellectuelle; par P**h**. D**ufour**, D.-M. 2 vol. in-8°, pap. fin satiné, 12 fr. et par la poste 15 fr.

HISTOIRE DE JEAN-MARIE, *ouvrage couronné le 19 mai 1833, par la Société pour l'instruction élémentaire;* par M**lle** S. U**lliac** T**rémadeure**, avec cette épigraphe : Que lui a-t-il manqué pour se distinguer entre tous? un but et une volonté. Que leur a-t-il manqué, à la plupart de ceux qui végètent dans la misère? un but et une volonté. — 1 vol. in-18, avec figure.

LE PETIT BOSSU, *ouvrage auquel a été décerné*, le 19 mai 1833, *le prix extraordinaire de mille francs*, fondé par la *Société pour l'instruction élémentaire;* par M**lle** S. U**lliac** T**rémadeure**, avec cette épigraphe : Avide du merveilleux en proportion de son ignorance, une curiosité vaine va chercher au loin des objets extraordinaires; l'envie de s'instruire et d'être utile, fait rechercher les objets communs que la tombe foule aux pieds. — 1 gros vol. in-12, avec figure.

TÉLÉMAQUE A ITHAQUE, ses nouvelles aventures ; suite du T**élémaque** de F**énélon** par A**lexandre** L**emarié**. 1 vol. in-8°, papier satiné, 7 fr. 50 c. et 9 fr. par la poste.

EXTRAIT DU CATALOGUE.

ABRÉGÉ DE L'ART VÉTÉRINAIRE, ou description des maladies du cheval et de leur traitement; suivi de l'anatomie et de la phisiologie du pied et des principes de ferrure, et sur les moyens d'entretenir en bon état les chevaux de poste et de course; par WHITE; traduit de l'Anglais et annoté par M.-V. DELAGUETTE; 2ᵉ édition, revue et augmentée. 1 vol. in-12. Paris, 3 fr. 50 c., 4 fr. 25 c. par la poste.

AMATEUR (l') DES FRUITS, ou l'Art de les choisir, de les conserver et de les employer, principalement pour faire les compotes, gelées, marmelades, confitures, pâtes, raisinés, conserves, glaces, sorbets, liqueurs de tout genre, ratafias, sirops, vins secondaires, etc. par M.-L.-D.-B. 1 vol. in-12, 2 fr. 50 c. et 3 fr. par la poste.

AMUSEMENS (les) DE LA CAMPAGNE, contenant:
1°. La description de tous les jeux de la campagne.
2°. L'histoire naturelle, les soins de la volière, l'art d'empailler; le jardinage, la pêche, la chasse, la navigation d'agrément; la physique amusante, des notions de géométrie, d'astronomie, de gnomonique; recueillis par plusieurs amateurs, et publiés par PAULIN DESORMAUX. 4 vol. in-12, ornés de 40 planches gravées. Paris, 15 fr. et 20 fr. par la poste.

ARMORICAINES (les); par Mˡˡᵉ S.-U. DUDRÉZÈNE. 2 vol. in-8° 15 fr. et 18 fr. par la poste.

ART DE CONSERVER LA SANTÉ, DE VIVRE LONGTEMPS ET HEUREUSEMENT, avec une traduction, en vers français des vers latins de l'École de Salerne; par M.-J.-F. ALEXANDRE POUGENS. Montpellier, 1 vol. in-8°, 6 fr. et 7 fr. 50 c. par la poste.

ART DE FAIRE LES VINS DE FRUITS, précédé d'une esquisse historique sur l'art de faire le vin de raisin; de la manière de soigner une cave; suivi de l'art de faire le cidre, le poiré, les hydromels, les arômes, le sirop et le sucre de pommes de terre; de considérations diététiques sur l'usage du vin; traduit de l'anglais de Accum; par MM. G*** et OL***. 1 vol. in-12. Paris, 1 fr. 80 c. et 2 fr. 25 c. par la poste.

ASTRONOMIE DES DEMOISELLES, ou Entretiens, entre un frère et sa sœur, sur la mécanique céleste, démontrée et rendue sensible sans le secours des mathématiques; par JAMES FERGUSSON; traduite de l'Anglais, revue et augmentée par QUÉTRIN. 1 vol. in-12, enrichi de plusieurs figures ingénieuses servant à rendre les démonstrations plus claires. Paris, 3 fr. 50 c. et 4 fr. 25 c. franc de port.

ATLAS CLASSIQUE DE LA GÉOGRAPHIE ANCIENNE ET MODERNE, à l'usage des collèges et des pensions, pour servir à l'étude de la géographie et de l'histoire, corrigé et augmenté par MONIN, ingénieur géographe de la société de géographie. Grand in-4° de 56 cartes demi-reliure. 1832, 12 fr.

ATLAS DE LA GÉOGRAPHIE ANCIENNE, du MOYEN AGE ET MODERNE, adopté par le Conseil Royal de l'instruction publique, à l'usage des collèges royaux et des maisons d'éducation, pour suivre les cours de géographie et d'histoire; par FÉLIX DELAMARCHE. 1 vol. grand in 4°, demi reliure, 12 fr.

AVENTURES DE TÉLÉMAQUE, par François Salignac DE LA MOTHE FÉNÉLON, archevêque de Cambrai, précepteur des Enfans de France. 1 vol. in-12. Lyon, 1830, 2 fr. et 2 fr. 75 c. par la poste.

BON JARDINIER (le), almanach pour 1833, contenant les principes généraux de culture, l'indication mois par mois, des travaux à faire dans les jardins; la description, l'histoire et la culture de toutes les plantes potagères, économiques ou employées dans les arts; de celles propres aux fourrages; des arbres fruitiers; des ognons et plantes à fleurs; des arbres, arbrisseaux et arbustes utiles ou d'agrément; et accompagné d'une revue horticole. Avec planches gravées; par MM. POITEAU et VILMORIN. 1 gros vol. in-12 de 1068 pag., 7 fr. et 9 fr. 50 c. par la poste.

CALENDRIER DU BON CULTIVATEUR, ou Manuel de l'Agriculteur praticien; par M. MATHIEU DE DOMBASLE. 4° édition, entièrement refondue, corrigée, augmentée d'un grand nombre d'articles, et en particulier d'une série de préceptes sur la culture du jardin d'une ferme; avec une table alphabétique et raisonnée des matières. 1 gros vol. in-12. Paris, 1833. 4 fr. 50 c. et 6 fr. par la poste.

CHASSEUR (le) **TAUPIER**, ou l'Art de prendre les taupes par des moyens sûrs et faciles; précédé de leur histoire naturelle; par M. RÉDARÈS. 1 vol. in-12, orné de planches. Paris, 1 fr. 25 c. et 1 fr. 50 c. par la poste.

COURS D'AGRICULTURE ET D'ÉCONOMIE RURALE; par M. LOUIS DU BOIS. 2° édition. 8 vol. in-12, ornés d'un grand nombre de planches en taille-douce, pour servir à l'intelligence du texte. Paris, 28 fr. et 34 fr. par la poste.

COURS théorique et pratique de la **TAILLE DES ARBRES FRUITIERS**, par M. Dalbret; dédié à M. Mirbel. 1 vol. in-8°, avec huit planches gravées. 5 fr. et 6 fr. par la poste.

CUISINIER FACILE. Manière simple de faire la cuisine, la pâtisserie, les gelées, etc, etc. 1 vol. in-18. Lyon. 60 c. et 75 c. par la poste.

CUISINIÈRE (la) DE LA VILLE ET DE LA CAMPAGNE, ou la Nouvelle Cuisine économique; précédée d'instructions sur la dissection des viandes à table, et suivie de recettes précieuses, et d'un traité sur les soins à donner aux caves et aux vins; par M. L. E. A. (3e édition. 1 vol. in-12. Paris, 1833. Prix cart. 3 fr.

CUISINIER DES CUISINIERS 1000 RECETTES DU CORDON BLEU, faciles, économiques pour préparer de la manière la plus délicate et la plus salutaire toute espèce de mets, d'après les découvertes récentes de la cuisine française, anglaise, italienne, suisse, et les procédés des maîtres les plus renommés, tels que Balaine, Lefèvre, Véry, etc.; suivi d'un traité sur la dissection des viandes, l'entretien du vin, etc. 1 vol. in-12. 1833, 3 fr. broché.

CURES MIRACULEUSES OPÉRÉES PAR LE PRINCE HOENLOHE; suivies des Lettres par M. le conseiller Scharold et des Observations du docteur Joseph Onimus, professeur en théologie dans l'université de Wurtzbourg; traduit de l'allemand Par un curé du diocèse de Nantes. 1 vol. in-12. 2 fr. 50 et 3 fr. par la poste.

DICTIONNAIRE DE MÉDECINE PRATIQUE, mis à la portée des gens du monde, ou Moyens les plus simples, les plus modernes et les mieux éprouvés de traiter toutes les infirmités humaines; par J.-F. Alexandre Pougens; 3e édition, revue, corrigée et augmentée. 4 vol. in-8°. Paris. 25 fr. et 30 fr. par la poste.

DICTIONNAIRE DE POLICE MUNICIPALE, ou Lois et Arrêts de la cour de Cassation relatifs à cette partie; par L. J. Leclaire-Jolly. in-12. Paris. 1 fr. 50 c. et 2 fr. par la poste.

DOCTRINE DE SAINT-SIMON, mise à la portée de tout le monde. 1 vol. in-18. Lyon. 50 c. et 75 c. par la poste

DUC (le) D'ALENÇON, ou LES FRÈRES ENNEMIS; tragédie en trois actes par Voltaire; ouvrage inédit, publié pour la première fois par M. Louis Du Bois. in 8° Paris. 1 fr. 50 c. et 1 fr. 75 c. par la poste.

ÉCOLE DU JARDIN FRUITIER ; nouvelle édition, corrigée et augmentée par l'auteur du Bon Jardinier. 2 gros vol. in-12 de 600 et 700 pages. 7 fr. et 9 fr. par la poste.

ÉCOLE (l') DU JARDIN POTAGER, contenant la description exacte de toutes les plantes potagères, leur culture, les qualités de terre, les situations et les climats qui leur sont propres, leurs propriétés, les différens moyens de les multiplier, le temps de recueillir les graines, leur durée, etc., etc.; suivie du Traité de la culture des pêchers; par De Combles; 6e édition, mise en ordre par M. Louis Du Bois. 3 vol. in-12. Paris. 4 fr. 50 c. et 6 fr. 50 c. par la poste.

ÉLÉMENS D'ARITHMÉTIQUE ; par M. Bourdon ; ouvrage adopté par l'université; 10e édition. Paris, 1823. 1 vol. in-8°. 5 fr. et 6 fr. par la poste.

ÉLÉMENS DE GÉOMÉTRIE, avec des notes; par Legendre ; 12e édition. Paris, 1823. 1 vol. in-8°. 6 fr. et 7 fr. 50 c. par la poste.

ÉLÉMENS DE LA GRAMMAIRE LATINE DE LHOMOND, augmentée par J. Maurel. In-12. Avignon. 2 fr. et 2 fr. 75 c. par la poste.

ÉLÉMENS D'HISTOIRE NATURELLE, extraits de Buffon, Valmont-Bomare, Pluche, Raff, etc.; dédiés à la Jeunesse par A. Bertin ; 3e édition. 1 vol in-12 broché. 3 fr. et 3 fr. 50 c. par la poste.

ÉLISKA ; par Mlle S.-U. Dudrezène. 5 vo in-12. 15fr. et 18 fr. par la poste.

ESSAI D'ÉDUCATION NATIONALE, ou Plan d'études pour la jeunesse; par De la Chalotais ; nouvelle édition, augmentée de la Vie de l'auteur. 1 vol. in-18. Paris. 2 fr. et 2 fr. 50 c. par la poste.

ESSAI SUR L'ÉDUCATION DES ENFANS DU PREMIER AGE ; dédié aux jeunes mères par le docteur Richard de Nancy. 1 vol. in-32. Lyon. 3 fr. 50 c. et 4 fr. par la poste.

ESSAI SUR LES PREMIERS FONDEMENS DES CONNAISSANCES HUMAINES, ou Examen raisonné du sentiment de M. de La Mennais; par L.-J. H***. 1 vol. in-8°. Lille. 6 fr. et 7 fr. 50 c. par la poste.

GÉOMÉTRIE AGRICOLE, contenant des méthodes simples pour mesurer l'étendue des terres, en opérer le partage, etc., etc.; par P.-H. Suzanne. 1 vol. in-8° orné de 11 planches gravées. Paris. 5 fr. et 6 fr. 50 c. par la poste.

GRAMMAIRE (la) **DES GRAMMAIRES** ou Analyse raisonnée des meilleurs traités sur la langue française; par Ch.-P. Girault Duvivier. 7ᵉ édition, revue avec beaucoup de soin et encore améliorée. 2 gros vol. in-1 815 fr. et 19 fr. par la poste.

GUÉRISONS (des) **OPÉRÉES** par Mᵐᵉ de Saint-Amour; par Ed. Richer. 1 vol. in-8º. Nantes. 2 fr. et 2 fr. 50 c. par la poste.

GUIDE DE L'AMATEUR BOTANISTE (le), ou Choix, description et culture des plantes étrangères, de serre et naturalisées, les plus intéressantes par leur feuillage, leurs fleurs et leur odeur; suivi d'une Description succincte des arbrisseaux, plantes vivaces et bulbeuses, les plus propres à former des bosquets et à orner des jardins; avec un aperçu détaillé des arbres exotiques qui peuvent être plantés en ligne et en massif; par Olagnier. 1 vol. in-12. 3 fr. et 3 fr. 75 c. par la poste.

GUSTAVE DE SYDENHEIM, ou les Illusions d'un honnête homme; par A. G. 4 vol. in-12 Paris 12 fr. et 15 fr. par la poste.

HERITIERS (des) et **DES LÉGATAIRES UNIVERSELS** dans la question d'indemnité soumise aux Chambres; par M. le chevalier de Corlieu. Nantes. In-8º. 1 fr. et 1 fr. 25 c. par la poste.

HISTOIRE DU DAUPHINE, par le baron d (Chapuys-Montlaville. 2 vol. in-8º 15 fr. et 18 fr. par la poste.

HISTOIRE civile, religieuse et littéraire de l'abbaye de la **TRAPPE**; par M. L.-D. B. 1 vol. in-8º. Paris, 1824, 6 fr. et 7 fr. 50 c. par la poste.

HISTOIRE et **DESCRIPTION** de **PROVINS**; par M. Opoix. 1 vol. in-8º. Provins. 6 fr. et 7 fr. 50 c. par la poste.

HISTOIRE DES PROGRÈS DE LA VILLE DE NANTES; par A. Guépin, D. M. 1 vol. grand in-18 papier satiné. Nantes, 1832, 3 fr. et 3 fr. 75 c. par la poste.

INFORTUNÉE (l'); par Mᵐᵉ F. Dela.... 1 vol. in-12. Paris, 1824, 2 fr. 50 c. et 3 fr. par la poste.

INTRODUCTION A L'ÉTUDE DE L'HISTOIRE DU MOYEN AGE, ou Extrait de divers auteurs; par C.-G. Chesnon. 1 vol in-8º. Bayeux, 2 fr. 25 c. et 3 fr. par la poste.

ITINÉRAIRE DESCRIPTIF, HISTORIQUE ET MONUMENTAL DES CINQ DÉPARTEMENS COMPOSANT LA NORMANDIE, précédé du précis historique et de la géographie de cette province; par M. Louis Du Bois. 1 vol. in-8º. Caën, 1828, 11 fr. et 13 fr. 50 c par la poste.

LEÇONS élémentaires sur **L'HISTOIRE ANCIENNE**, à l'usage de la jeunesse; par H. Engrand. 1 vol. in-12 cartonné. Rheims, 1820, 2 fr.

LEÇONS élémentaires sur **L'HISTOIRE ROMAINE**, à l'usage de la jeunesse; par H. Engrand. 6e édition. 1 vol. in-12, cart. Rheims, 1820, 2 fr.

LEÇONS élémentaires sur la **MYTHOLOGIE**, suivies d'un traité sommaire de l'apologue, ou de la fable morale; par H. Engrand. 11e édition. 1 vol. in-12 cart. Rheims, 1831, 1 fr. 50 c.

LEÇONS D'UN PERE A SON FILS; par M. Duval. 1 vol. in-8°, fig. 2e édition. Paris, 5 fr. et 6 fr. 50 c. par la poste.

— Le même ouvrage, 3e édition in-12, 2 fr. 50 c. et 3 fr. par la poste.

LETTRES A JULIE SUR L'ENTOMOLOGIE, suivies d'une description méthodique de la plus grande partie des insectes de France, ornées de planches gravées; par M.-E. Malsant. 2 vol. in-8°. Lyon, 1830, figures noires 18 fr. *idem* coloriées 24 fr. et 4 fr. en sus par la poste.

LEXIQUE FRANÇAIS LATIN, à l'usage des basses classes jusqu'à la 4e inclusivement, offrant à l'œil des commençans le radical et la terminaison des temps primitifs des verbes, etc.; par Auvray. Paris, 1833. 1 vol. in-8°, relié en parchemin, 4 fr. 25 c.

LORENZO OU L'EMPIRE DE LA RELIGION, par un non-conformiste Ecossais qui a embrassé la foi catholique. 1 vol. in-12. 1833, 2 fr. et 2 fr. 75 c. par la poste.

MANUEL COMPLET DU JARDINIER, maraîcher, pépiniériste, botaniste, fleuriste et paysagiste; par Louis Noisette. 4 vol. in-8° en 8 livraisons, avec planches. Paris, 40 fr. et 48 fr. par la poste.

MANUEL DES ÉCOLES ÉLÉMENTAIRES, ou Exposé de la méthode d'enseignement mutuel; par Sarazin. Paris, 1 vol. in-12 1 fr. 80 c. et 2 fr. 25 c. par la poste.

MANUEL DES PROPRIÉTAIRES D'ABEILLES, contenant les instructions pratiques les plus récentes pour soigner ces insectes, n'avoir que de bonnes ruches, et en tirer du profit; par M. Lombard. 6e édition, entièrement refondue, avec figures. 1 vol. in-8°. Paris, 3 fr. 50 c. et 4 fr. 25 c. par la poste.

MÉMOIRES de madame la comtesse Du Barri. 6 vol. in-8°, demi-reliure 45 fr.

MINÉRALOGIE INDUSTRIELLE, ou Exposition de la nature, des propriétés, du mode d'extraction et d'application des substances les plus importantes aux arts et aux manufactures; par M. Pelouze. 1 gros vol. in-12. Paris, 5 fr. et 6 fr. 25 par la poste.

NOTICES SUR LE DÉPARTEMENT DE LA LOIRE INFÉRIEURE et sur la ville de NANTES en particulier; par J.-L.-B. 3ᵉ édition revue et augmentée. 2 vol. in-12. Nantes, 1832, 4 fr. et 5 fr. par la poste.

NOUVEAU DICTIONNAIRE D'ANECDOTES; par I.-B.-B. Cambrai, 1826, 1 vol. in-18 1 fr. 25 c. et par la poste 1 fr. 50 c.

NOUVEAU TARIF DU CUBE DES BOIS RONDS ET CARRÉS; par M.-C.. Nantes 1 vol. in-12 cart. 2 fr. 50 c.

NOUVELLE BIBLIOTHÈQUE CATHOLIQUE, destinée surtout aux jeunes gens, aux habitans des campagnes et aux artisans, années 1827, 1828, 1829, 1830, 1831, 1832, et 1833. Chaque année se compose de 20 volumes in-18 qui paraissent en quatre livraisons. Prix de l'année 6 fr., 9 fr. franc de port par la poste.

PATHOLOGIE CANINE, OU TRAITÉ DES MALADIES DES CHIENS, contenant aussi une dissertation très détaillée sur la rage; la manière d'élever et de soigner les chiens; des recherches critiques et historiques sur leur origine, leurs variétés et leurs qualités intellectuelles et morales; fruit de vingt ans de pratique vétérinaire; par M. Delabère-Blaine; traduit de l'anglais et annoté par Delaguette, vétérinaire des Gardes-du-Corps du roi. 1 vol. in-8°, orné de 2 planches représentant 18 espèces de chiens. 6 fr. et 7 fr. par la poste.

PETIT COURS D'AGRICULTURE OU MANUEL DU FERMIER, contenant un traité sur la physique agricole, la culture des champs, les animaux domestiques, les laiteries, l'art vétérinaire, les différens modes de locations et la comptabilité d'une ferme; par E.-B. de Lépinois. 1 vol. in-8°. Paris, 3 fr. 50 c. et 4 fr. 25 c. par la poste.

PETIT (le) TRÉSOR DES DÉVOTS A MARIE. 1 vol. in 64 cart. Lille, 1832, 30 c.

PHARMACOPÉE VÉTÉRINAIRE, ou Nouvelle pharmacie hippiatrique, contenant une classification des médicamens, les moyens de les préparer et l'indication de leur emploi; précédée d'une esquisse nosologique, et d'un traité des substances propres à la nourriture du cheval et de celles qui lui sont nuisibles; par M. Bracy-Clarck. 1 vol. in-12. Paris, 2 fr. et 2 fr. 50 c. par la poste.

POSTES (des) en général, et particulièrement en France; par M. Charles Bernède. 1 vol. in-8o. 3 fr. 50 c. et 4 fr. par la poste.

PRATIQUE SIMPLIFIÉE DU JARDINAGE, à l'usage des personnes qui cultivent elles-mêmes un petit domaine contenant un potager, une pépinière, un verger, des espaliers, un jardin paysager, des serres, des orangeries ou parterre. 5e édition, revue dans la totalité, et augmentée de détails sur les fleurs, les arbres et les arbustes d'agrément; par M. Louis Du Bois. 1 vol. in-12, orné de planches. Paris, 3 fr. 50 c. et 4 fr. 25 c. par la poste.

RAOUL DE RAYNEVAL, OU LA NORMANDIE AU XIVe SIÈCLE; par Emile Le Chanteur de Pontaumont. 1 vol. in-8o 3 fr. 50 c. et 4 fr. par la poste.

REFLEXIONS SUR L'OEUVRE DES PRISONS; par Mademoiselle Stylite de Kersabiec, suivies de quelques réflexions sur la vie et l'opuscule de l'auteur; par M. l'abbé James. 1833, brochure in-8o, 1 fr. 25 c. et 1 fr. 50 c. par la poste.

SECRETS DE LA CHASSE AUX OISEAUX, contenant la manière de fabriquer les filets, les divers pièges, appeaux, etc.; l'histoire naturelle des oiseaux qui se trouvent en France; l'art de les élever, de les soigner, de les guérir, et la meilleure méthode de les empailler; par M.-G***, amateur. 1 vol. in-12, orné de 8 planches, renfermant plus de 80 figures. 3 fr. 50 c. et 4 fr. 25 c. par la poste.

SECRETS ET RECETTES INDISPENSABLES, recueillis et mis en ordre par M. Alberte. 1 vol. in-18. 1832, 60 c. et 75 c. par la poste.

TAILLE RAISONNÉE DES ARBRES FRUITIERS, et opérations relatives à la culture; par Butret. 1 vol. in-8o, 2 fr. 25 c. et 2 fr. 75 c. par la poste.

TRADUCTION NOUVELLE DES PROPHÉTIES D'ISAIE, avec un discours préliminaire et des notes; par Eugène Genoude. 1 vol. in-8o. Paris, 6 fr. et 7 fr. 50 c. par la poste.

TRAITÉ DES CHIENS DE CHASSE, contenant l'histoire générale de l'espèce; les soins à prendre pour faire des élèves, croiser les races, etc.; par un collaborateur du traité général des chasses. 1 vol. in-8o, orné de 18 planches. Paris, 7 fr. 50 c. et 9 fr. par la poste.

TRAITÉ DE CHIMIE APPLIQUÉE AUX ARTS ET MÉTIERS, et principalement à la fabrication des acides sulfurique, nitrique, etc.; de la soude, de l'ammoniaque, du cinabre, minium, céruse, et autres produits chimiques; des eaux minérales, de l'éther, du sublimé, du kermès, de la morphine, et autres produits pharmaceutiques; du sel, de l'acier, du ferblanc, de la poudre fulminante, de l'argent et du mercure fulminant, etc.; à l'art du fondeur en fer et en cuivre, de l'artificier, etc.; à l'extraction des métaux, etc.; par M.-J.-J. GUILLOUD, avec planches. 2 vol. in-12. Paris, 10 fr. et 12 fr. par la poste.

TRAITÉ DE PHYSIQUE APPLIQUÉE AUX ARTS ET MÉTIERS, et principalement à la construction des fourneaux, des caliorfères à air et à vapeur, des machines à vapeur, des pompes; à l'art du fumiste, de l'opticien, du distillateur; aux sécheries, artillerie à vapeur, éclairage, bélier et presses hydrauliques, aréomètres, lampes à niveau constant, etc.; par M.-J.-V. GUILLOUD, 1 gros vol. in-12, orné de 160 figures. Paris, 5 fr. 50 et 6 fr. 50 c. par la poste.

TRAITÉ COMPLET DE LA GREFFE ET DE LA TAILLE, contenant la description de 137 espèces de greffes, et la méthode la plus sûre pour soumettre les arbres à toutes les formes propres à entretenir leur vigueur et leur fructification; extrait du jardinier; par M. LOUIS NOISETTE. 1 vol. in-8°. Paris, 6 fr. et 7 fr. 50 c. par la poste.

TRAITÉ DE LA CULTURE DU MURIER et DE L'EDUCATION DES VERS A SOIE; par BOITARD. 1 vol. in-8°, fig. noires, 6 fr., fig. col., et 6 fr. 50 c. Port par la poste 1 fr.

TRAITÉ DE LA CULTURE DES PÊCHERS; par DE COMBLES. 5e édition, revue et corrigée par M. L. DU BOIS. 1 vol. in-12. Paris, 1 fr. 50 c. et 1 fr. 80 c. par la poste.

TRAITÉ DE LA CULTURE DES POMMIERS ET POIRIERS, et de la fabrication du cidre et du poiré, contenant des détails sur la culture des arbres à cidre, par M. J. ODOLANT-DESNOS. 1 vol. in-8°, orné de fig. Paris, 5 fr. et 6 fr. par la poste.

TRAITÉ DE LA CULTURE DE LA VIGNE ET DE LA VINIFICATION, contenant des préceptes généraux de culture applicables à tous les climats; une nomenclature des espèces de vignes, etc.; par B.-A. LENOIR. 1 gros vol. in-8°, orné de 8 planches. 10 fr. 50 c. et 13 fr. par la poste.

TRAITÉ DES MALADIES DE BESTIAUX, ou Description raisonnée de leurs maladies et de leur traitement; précédée d'un précis d'histoire naturelle, et d'un traité d'hygiène; et suivie d'un aperçu sur les moyens de tirer, des bestiaux, les produits les plus avantageux, par M. V. Delaguette. 1 vol. in-12, fig. Paris, 3 fr. 50 c. et 4 fr. 25 c. par la poste.

TRAITÉ DES PRAIRIES NATURELLES ET ARTIFICIELLES; par M. Boitard. 1 vol. in 8o, orné de 48 planches. Paris, 12 fr. et 14 fr. par la poste.

TRAITÉ DE LA PRÉPARATION DES SUBSTANCES ALIMENTAIRES, première partie contenant la cuisine proprement dite, la charcuterie, la pâtisserie, les crèmes, etc.; par B.-A. Lorein. Paris, 1 vol. in-8o. 7 fr. 50 c. et 9 fr. par la poste.

TRAITÉ RAISONNÉ SUR L'ÉDUCATION DU CHAT DOMESTIQUE, précédé de son histoire philosophique et politique, et suivi du traitement de ses maladies; par M. Raton, ancien chanoine. 1 vol. in-12. Paris, 1 fr. 50 c. et 1 fr. 80 c. par la poste.

TRAITÉ théorique et pratique DES AMENDEMENS ET DES ENGRAIS; par M. E. Martin. Paris, 1 vol. in-8o. 9 fr. et 11 fr. par la poste.

TRAITÉ (nouveau) théorique et pratique SUR LES SEMIS ET LES PLANTATIONS DES ARBRES, suivi d'une notice sur les moyens de prévenir la dégénération des arbres fruitiers, et de créer des nouvelles variétés et des hébrides ou mulets, et d'un projet adressé aux préfets, tendant à lever les obstacles qui s'opposent aux progrès de l'agriculture et au reboisement des montagnes; par M. J.-J. Lardier. 1 vol. in-8o. 5 fr. et 6 fr. 25 c. par la poste.

TRÉSORS (les) DE LA POÉSIE ET DE L'ÉLOQUENCE, ou Témoignages unanimes rendus à la religion et à la morale par les poètes, les orateurs, les philosophes et les savans les plus célèbres. 2 vol. in-12, 1 de prose et 1 de poésie. Lille; 5 fr. et 6 fr. 50 c. par la poste.

TROIS (les) JOURS DE LYON, ou Résumé des évènemens qui ont ensanglanté cette ville; par un témoin oculaire. 2e édition, 1 vol. in-18. Lyon, 50 c. et 60 c. par la poste.

VAUX-DE-VIRE D'OLIVIER BASSELIN, poète Normand de la fin du XIVe siècle; suivis d'un choix d'anciens vaux-de-vire, de bacchanales et de chansons, poésies normandes; publiés par M. Louis Du Bois. 1 vol. in-8o. Caën, papier ordinaire, 7 fr., papier vélin, 15 fr. et 1 fr. 50 c. en sus par la poste.

VIE DE BOSSUET, rédigée d'après l'histoire de Bossuet de M. de Bausset; par **F.-J.-L.** 1 vol. in-12, port. Lille, 2 fr. 50 c. et 3 fr. 25 c. par la poste.

VIE DE SAINT-MARTIN, évêque de Tours. Nouv. édition revue et augmentée par M. Ad. E....n. 1 vol. in-12. Tours, 2 fr. 50 c. et 3 fr. 25 c. par la poste.

VINGT QUESTIONS SUR LE CERCLE, résolues de la manière la plus courte, la plus simple et la plus exacte, par M. Vatar. 1 vol. in-8º. Rennes, 2 fr. et 2 fr. 50 c. par la poste.

VIRAGO (la); par M. H. de Chateaulin. 4 vol. in-12, 12 fr. et 15 fr. par la poste.

VOCABULAIRE (nouveau) **FRANÇAIS**, de M. de Wailly, revu, et considérablement augmenté par A. de Wailly. 18e édition. 1 vol. in-8º, broché, 7 fr., relié, 8 fr. 50 c.

VOYAGE AGRONOMIQUE EN ANGLETERRE, fait en 1829, ou Essai sur les cultures de ce pays comparées à celles de France; par Fr. Philippar. 1 vol. in-8º orné de 20 planches. Paris. 6 fr. et 7 fr. 50 c. par la poste.

COURS D'ÉTUDES ÉLÉMENTAIRES de l'abbé Gaultier.

ATLAS DE GÉOGRAPHIE, contenant sept cartes coloriées; nouvelle édition, revue et augmentée par de Blignières, de Moyencourt, Ducros (De Sixt) et Leclerc aîné, ses élèves. 6 Cahier in-f°. 6 fr.

LEÇONS DE GÉOGRAPHIE ET DE SPHÈRE; entièrement refondues et considérablement augmentées par ses élèves. 1 vol. in-18, cart. 1 fr. 50 c.

LEÇONS DE GRAMMAIRE ET D'ORTHOGRAPHE; par l'abbé Gaultier, entièrement refondues et considérablement augmentée par ses élèves. 1 vol. in-18 cart. 1 fr. 50 c.

LEÇONS DE GRAMMAIRE EN ACTION; par l'abbé Gaultier. 3 vol. in-18 cart. 4 fr. 50 c.

HISTOIRE SAINTE ET PROFANE, 1 vol. in-18 cart. 1 fr. 50 c.

HISTOIRE ANCIENNE. 1 vol. in-18 cart. 1 fr. 50 c.

HISTOIRE MODERNE. 1 vol. in-18 cart. 1 fr. 50 c.

HISTOIRE DE FRANCE. 1 vol. in-18 cart. 1 fr. 50 c.

LECTURES GRADUÉES pour les enfans du *premier âge*; 2 in-18 cart. 3 fr.

LECTURES GRADUÉES pour les enfans du *second âge*; 3 vol. in-18 cart. 4 fr. 50 c.

COURS COMPLET DE LANGUE ESPAGNOLE ; par le docteur D.-B. Sotos Ochando.

GRAMMAIRE ESPAGNOLE, *approuv, par l'Université* pour l'usage des collèges de France. 1 vol. in-12. 3 fr. 50 c. et 4 fr. par la poste.

COURS DE THÈMES ESPAGNOLS, suite à la Grammaire Espagnole. 1 vol. in-12. 2 fr. 50 c. et 3 fr. par la poste.

MÉTHODE PRATIQUE POUR APPRENDRE L'ESPAGNOL, suite à la Grammaire Espagnole. 1 vol. in-12. Paris. 2 fr. 50 c. et 3 fr. par le poste.

TRAITÉ PRATIQUE DE LA PRONONCIATION ESPAGNOLE, suite à la Grammaire Espagnole. 1 vol. in-12. Paris. 2 fr. 50 c. et 3 fr. par la poste.

MANUELS DE LA MÉTHODE NATURELLE selon Jacotot; savoir :

MANUEL POUR L'ÉTUDE DE LA LANGUE LATINE, par la méthode d'enseignement universel de Jacotot, *approuvé par le fondateur*. 1 vol. in-8°. Lyon, 1831. 4 fr. 50 c. et 5 fr. 50 c. par la poste.

MANUEL DE LECTURE, *approuvé par* Jacotot. 1 vol. in-12. Lyon. 20 c. et 30 c. par la poste.

AVENTURES DE TÉLÉMAQUE ; par Fénélon, précédées d'un simple exposé de la Méthode naturelle selon Jacotot, et d'un Précis des divers excercices pratiqués par ses disciples pour apprendre la Lecture, l'Écriture, l'Orthographe et la Langue française ; 2ᵈ édition. 1 vol. in-12. Lyon. 3 fr. 50 c. et 4 fr. 25 c. par la poste.

TÉLÉMAQUE ALLEMAND-FRANÇAIS, les *trois premiers Livres*, traduits par M. Zehner, précédés d'un rappel de la Méthode naturelle et de trois leçons de la Langue allemande. 1 vol. in-12. Lyon. 2 fr. 25 c. et 2 fr. 75 c. par la poste.

TÉLÉMAQUE ANGLAIS-FRANÇAIS, les *trois premiers Livres* traduits par M. Des Maizeaux, précédés d'une Lettre sur l'étude de la Langue anglaise par la Méthode naturelle. 1 vol. in-12. Lyon. 2 fr. 25 c. et 2 fr. 75 c. par la poste.

TÉLÉMAQUE ESPAGNOL-FRANÇAIS, traduit par M. Raull; précédé d'un Entretien sur la Méthode naturelle et l'étude de la Langue espagnole. 1 vol. in-12. Lyon. 2 fr. 25 c. et 2 fr. 75 c. par la poste.

TÉLÉMAQUE ITALIEN-FRANÇAIS, les *trois premiers Livres* traduits par M. Forti; précédés d'un rappel de la Méthode naturelle appliquée à l'étude de la Langue italienne. 1 vol. in-12. Lyon. 2 fr. 25 c. et 2 fr. 75 c. par la poste.

TÉLÉMAQUE, *première Partie*, simple exposé de la Méthode naturelle. 1 vol. in-12. Lyon. 1 fr. 50 c. et 1 fr. 80 c. par la poste.

HORTICULTEUR (l') BELGE, Journal des Jardiniers et des Amateurs. Il paraît une livraison, format grand in-8°, tous les mois.

Le prix de l'abonnement pour un an, du 1er mars de chaque année, est de 7 fr. pour toute la France.

JOURNAL D'AGRICULTURE, D'ÉCONOMIE RURALE ET DES MANUFACTURES DU ROYAUME DES PAYS-BAS, ou Recueil périodique de tout ce que l'Agriculture, les Sciences et les Arts qui s'y rapportent, offrent de plus utile et de plus intéressant, publié depuis 15 ans, sous la direction de la Société agricole de Bruxelles, 2e série. Le prix de l'abonnement du 1er janvier de chaque année est de 18 fr. par an, franc de port pour la France. Il paraît un cahier par mois.

La première série, composée de 18 volumes in-8° (1815 à 1824 compris), se vend 90 fr.

JOURNAL DES INTÉRÊTS MORAUX ET MATÉRIELS Manuel agricole, industriel, commercial, législatif, historique et littéraire; 32 pages grand in-8° par mois.

Prix : 2 fr par an pour Paris et Lyon; 3 fr. pour les départemens.

JOURNAL DE MÉDECINE VÉTÉRINAIRE théorique et pratique, et Analyse raisonnée de tous les ouvrages français et étrangers qui ont du rapport avec la médecine des animaux domestiques; Recueil publié par MM. Bracy-Clark, Crépin, Delaguette, Godine et Leblanc, médecins vétérinaires de Paris et des départemens. Il paraît un numéro de trois feuilles et demie à quatre feuilles d'impression in-8° tous les 1ers de chaque mois. On ne s'abonne que du 1er janvier pour l'année. Le prix de l'abonnement est de 13 fr. pour Paris, 15 fr. pour les départemens et 17 fr. pour l'étranger.

Les années 1830, 1831 et 1832, se vendent 10 fr. chaque et 12 fr. par la poste.

COLLECTION DE MANUELS formant une Encyclopédie des Sciences et des Arts, format in-18; par UNE RÉUNION DE SAVANS ET DE PARTICIENS. MM. AMOROS, directeur du Gymnase; AUSENNE, peintre; BOISDUVAL, naturaliste; BOSC, de l'Institut; CHORON, directeur de l'Institut royal de musique; JULIA DE FONTENELLE, professeur de chimie; LACROIX, membre de l'Institut; LAUNAY, fondeur de la colonne de la place Vendôme; SÉBASTIEN LENORMAND, professeur de technologie; LESSON, naturaliste; RIFFAULT, ancien directeur des poudres et salpêtres; RICHARD, professeur; TERQUEM, professeur aux écoles royales; TOUSSAINT, architecte; VERGNAUD, ancien élève de l'École Polytechnique, etc.

Tous les Traités se vendent séparément. Les suivans sont en vente; les autres paraîtront successivement. Pour les recevoir franc de port, on ajoutera 50 c. par volume in-18. La plupart des volumes sont de 300 à 400 pages.

Manuel d'Astronomie, 2 f. 50 c. — De Météorologie, 3 f. 50 c. — De Chimie, 3 f. 50 c. — De Chimie amusante, 3 f. — Fabricant de produits chimiques, 2 vol., 7 f. — Physique, 2 f. 50 c. — Électricité, 2 f. 50c. — Physique amusante, 3 f. — Sorciers ou Magie blanche dévoilée, 3 f. — Armurier, 3 f. — Artificier, Salpêtrier, Poudrier, 3 f. — Gardes nationaux, 1 f. 25 c. — Sapeur-Pompier, 1 f. 25 c. — Algèbre, 3 f. 50 c. — Géométrie, 3 f. 50 c. — Mécanique, 3 fr. 50 c. — Arithmétique, 2 f. 50 c. — Arpentage, 2 f. 50 c. — Mathématiques amusantes, 3 f. — Géographie, 3 f. 50 c. — Constructeur et Dessinateur des cartes géographiques, 3 f. — Orthographiste, 3 f. — Voyageur dans Paris, 3 f. 50 c. — Histoire naturelle générale, 2 vol., 7 f. — Botanique élémentaire, 3 f. 50 c. — Flore française, 3 vol., 10 f. 50 c. — Physiologie végétale, Chimie, Physique, Minéralogie, appliquées à l'agriculture, 3 f. — Mammalogie ou Histoire naturelle des Mammifères, 3 f. 50 c. — Ornithologie ou Histoire des Oiseaux, 2 vol., 7 f. — Entomologie ou Histoire des Insectes, 2 vol, 7 f. — Mollusques et Coquilles, 3 f. 50 c. — Histoire des Crustacés, 2 vol., 6 f. — Minéralogie, 3 f. 50 c. — Cultivateur français, 2 vol., 5 f. — Herboriste, Epicier, Droguiste, Grainetier-Pépiniériste, 2 vol., 7 f. — Jardinier, 2 vol., 5 f. — Jardinier des Primeurs, 3 f. — Naturaliste ou l'Art d'empailler les animaux, de conserver les végétaux et les minéraux, 2 f. 50 c. — Zoophile ou l'Art d'élever et de soigner les animaux domestiques, 2 f. 50 c. — Destructeur des animaux nuisibles à l'agriculture et à l'économie domestique, 3 f. — Gardes-champêtres, forestiers, Gardes-pêche, 2 f. 50 c. — Des Officiers municipaux, 3 f. — Médecine et Chirurgie domestiques, 3 f. 50 c. — Gymnastique, 2 gros vol. et atlas, 10 f. 50 c. — Hygiène, ou l'Art de conserver la santé, 3 f. — Gardes-malades ou l'Art de se soigner et de soigner les autres, 2 f. 50 c. — Pharmacie populaire, 2 vol., 6 f. — Vétérinaire, 3 f. — Praticien ou Traité de la science du droit, 3 f. 50 c. — Propriétaire et locataire, leurs droits, 2 f. 50 c. — Contributions directes, 2 f. 50 c. — Jaugeage et débitans de boissons, 3 f. — Marchands de bois et de charbons, 3 f. — Poids et mesures, 3 f. — Architecture ou Traité de l'art de bâtir, 2 vol., 7 f. — Toiseur en bâtimens, 2 f. 50 c. — Dessinateur, 3 f. — Lithographie, 3 f. — Perspective, 3 f. — Chasseur, 3 f. — Pêcheur, 3 f. — Jeux de Société, 3 f. — Danse et pantomime, 3 f. 50 c. — Jeux de calcul et de hasard, 3 f. — Bonnetier et fabricant de bas, 3 f. — Bottier et Cordonnier, 3 f. — Bourrelier et Sellier, 3 f. — Boulanger, Meunier, Constructeur de moulins, 3 f. 50 c. — Amidonnier-vermicellier, 3 f. — Bijoutier, Joaillier et Orfèvre, 2 vol., 7 f. — Brasseur, 2 f. 50 c. — Biographie ou Dictionnaire des grands hommes, 2 vol., 6 f. — Calligraphie ou l'Art d'écrire, 3 f. — Philosophie expérimentale, 3 f. 50 c. — Style épistolaire, 3 f. — Banquier, Agent de change et Courtier, 2 f. 50 c. — Négociant et Manufacturier, 2 f. 50 c. — Cartonnier, Cartier et Fabricant de cartonnages, 3 f. — Chamoiseur, Maroquinier, Paussier et Parcheminier, 3 f. — Chandelier et Cirier, 3 f. — Charcutier, 2 f. 50 c. — Charpentier, 3 f. 50 c. — Charron et Carrossier, 2 vol., 6 f. — Chaufournier, art de faire les mortiers, cimens, etc., 3 f. — Coiffeur, 2 f. 50 c. — Constructeur des machines à vapeur, 2 f. 50 c. — Cuisinier et Cuisinière, 2 f. 50 c. — Dames ou Art de la toilette, 3 f. — Demoiselles ou Arts et Métiers qui leur conviennent, et dont elles peuvent s'occuper avec agrément, 3 f. — Jeunes gens, ou Sciences, Arts et Récréations qui leur conviennent, et dont ils peuvent s'occuper avec agrément et utilité, 2 vol., 6 f.

Distillateur-liquoriste, 3 f. — Economie domestique, 2 f. 50 c. — Fabricant de draps, 3 f. — Fabricant d'étoffes imprimées et papiers peints, 3 f. — Fabricant et épurateur d'huiles, 3 f. — Fabricant de chapeaux en tout genre, 3 f. — Fabricant de sucre et Raffineur, 3 f. — Fleuriste et Plumassier, 2 f. 50 c. — Ferblantier et Lampiste, 3 f. — Fondeur sur tous métaux, 2 vol., 7 f. — Maître de Forges, 2 vol., 6 f. — Imprimeur, 3 f. — Graveur en tous genres, 3 f. — Horloger, 3 f. 50 c. — Limonadier et Confiseur, 2 f. 50 c. — Maîtresse de Maison et parfaite Ménagère, 2 f. 50 c. — Mécanicien, Fontainier, Pompier, Plombier, 3 f. — Menuisier et Ebéniste, 2 vol., 6 f. — Mouleur en plâtre, carton, cire, plomb, argile, écaille, bois, corne, etc., 2 f. 50 c. — Miniature, Gouache, Lavis à la sepia et l'aquarelle, 3 f. — Parfumeur, 2 f. 50 c. — Marchand Papetier et Régleur, 3 f. — Pâtissier, 2 f. 50 c. — Peintre en bâtimens, Doreur et Vernisseur, 2 f. 50 c. — Poêlier-Fumiste, 3 f. — Porcelainier, Faïencier, Potier de terre, 2 vol., 6 f. — Abeilles, Vers à soie, 3 f. Relieur, 3 f. — Savonnier, 3 f. — Serrurier, 3 f. — Tailleur d'habits, 3 f. — Tanneur, 3 f. — Tapissier, Décorateur et Marchand de meubles, 2 f. 50 c. — Teinturier, Dégraisseur, 3 f. — Teneur de livres en partie simple et en partie double, 3 f. — Tourneur, 2 vol., 6 f. — Verrier, Fabricant de glaces, cristaux, 3 f. — Vigneron et Art de faire le vin, 3 f. — Vinaigrier, Moutardier, 3 f.

Paris. — Imprimerie de Marchand Du Breuil, rue de la Harpe, n° 90.

MAISON DE COMMISSION ET LIBRAIRIE
D'ISIDORE PESRON, ÉDITEUR,
13, RUE PAVÉE-SAINT-ANDRÉ-DES-ARTS, A PARIS.

LE PETIT BOSSU
ET
LA FAMILLE DU SABOTIER,
Ouvrage instructif et moral à l'usage de la Jeunesse,
Par Mademoiselle **ULLIAC TRÉMADEURE**,

La Société pour l'Instruction Élémentaire, a décerné à cet ouvrage dans sa Séance générale du 19 mai 1833, le prix EXTRAORDINAIRE de mille francs, proposé pour le premier bon livre de lecture courante.

2 volumes in-18, papier vélin, 4 jolies vignettes coloriées et couvertures imprimées,   2 fr. » c.
— *Le même ouvrage*, pap. fin des Vosges, vign. noires, 1 25
—   —   pap. ordinaire,   » 80
Cartonnage 10 cent. par volume, papier fin 20 cent.
Cette édition faite sous les yeux de l'auteur porte sa signature,

HISTOIRE
DE
JEAN-MARIE,
PAR Mlle S. ULLIAC TRÉMADEURE.

OUVRAGE COURONNÉ PAR LA SOCIÉTÉ POUR L'INSTRUCTION ÉLÉMENTAIRE,
LE **19 MAI 1833.**

Un joli volume in-18 avec couverture imprimée,
    Sans figures   30 cent.   25 fr. le cent.
    Avec figures   60
    Sur papier fin des Vosges   75

MAISON DE COMMISSION ET LIBRAIRIE
D'ISIDORE PESRON, ÉDITEUR,
13, RUE PAVÉE SAINT ANDRÉ DES ARTS, A PARIS.

TÉLÉMAQUE A ITHAQUE

SES NOUVELLES AVENTURES ; SUITE DU TÉLÉMAQUE DE FÉNÉLON,

PAR ALEXANDRE LEMARIÉ.

1 vol, in-8° 6 fr. et 7 fr. 50 cent. par la poste.

Cet ouvrage, SUITE NÉCESSAIRE, commence au moment où l'intérêt est le plus vif, aussitôt après que Télémaque eut retrouvé son père chez le fidèle Eumée. Les héros les plus marquans des premières Aventures de Télémaque, mêlés à de nouveaux personnages, reparaissent dans la nouvelle action; leur histoire est complétée. Ce livre, par la variété des aventures, par la pureté de sa morale, par la correction soutenue du style approprié à celui de Fénélon, et qui présente le reflet le plus heureux et le plus vrai de sa touche brillante, ne peut manquer d'inspirer un vif intérêt à tous les lecteurs du chef d'œuvre immortel de Fénélon, et MM. les professeurs pourront y puiser pour leurs élèves, d'heureux sujets d'exercice et de composition.

COURS D'ÉTUDES ÉLÉMENTAIRES de l'abbé GAULTIER.

ATLAS DE GÉOGRAPHIE, contenant sept cartes coloriées ; nouvelle édition, revue et augmentée par de BLIGNIÈRES, de MOYENCOURT, DUCROS (De six) et LECLERC aîné ses élèves. Cahier in-f 6 fr.

LEÇONS DE GÉOGRAPHIE ET DE SPHÈRE ; entièrement refondues et considérablement augmentées par ses élèves. 1 vol. in 18 cart. 1 fr. 50 c.

LEÇONS DE GRAMMAIRE ET D'ORTHOGRAPHE ; entièrement refondues et considérablement augmentées par ses élèves. 1 vol. in-18 cart. 1 fr. 50 c.

LEÇONS DE GRAMMAIRE EN ACTION ; 3 vol. in-18 cart. 4 f. 50

HISTOIRE SAINTE ET PROFANE, 1 vol. in-18 cart. 1 fr. 50 c.

HISTOIRE ANCIENNE. 1 vol. in-18 cart. 1 fr. 50 c.

HISTOIRE MODERNE. 1 vol. in-18 cart. 1 fr. 50 c.

HISTOIRE DE FRANCE 1 vol. in-18 cart. 1 fr. 50 c.

LECTURES GRADUÉES pour les enfans du premier âge. 2 vol. in-18 cart. 3 f.

LECTURES GRADUÉES pour les enfans du second âge. 3 vol. in-18 cart. 4 fr. 50 c.

Ollivier, libraire-éditeur, à Paris,
33, RUE SAINT-ANDRÉ-DES-ARTS.

L'ANNEAU DE PAILLE

PAR

Hippolyte Bonnellier.

2 vol. in-8°. — Prix : 15 fr.

Les jugemens si divers portés par les journaux sur les ouvrages de M. Hippolyte Bonnellier, attestent du moins une chose, c'est que cet écrivain, étranger aux complaisances de la camaraderie, s'en rapporte à la bonne foi des juges et au bon goût du Public. Toutefois, de ces jugemens, il est constamment ressorti une opinion digne de remarque, elle signale dans les ouvrages de M. Bonnellier une grande puissance de drame, la conscience littéraire, la connaissance positive du monde et de l'histoire, et le sentiment réel du progrès.

Certes un auteur peut s'honorer d'une sévérité qui se résume par une telle appréciation, et un éditeur peut avec confiance annoncer un nouvel ouvrage d'un écrivain qui sait, qui peut, et qui marche au progrès.

M. Hippolyte Bonnellier a publié depuis deux ans *seize* volumes in-8°, parmi lesquels *Calomnie*, *Nostradamus*, le *Maréchal de Raiz* (1), l'*Homme sans cœur*, une *Méchante Femme*, *Juive et Mauresque*, le *Mémorial de l'Hôtel-de-Ville de Paris*, et l'ouvrage que nous annonçons, l'*Aanneau de Paille* : romans de mœurs, romans historiques, et livres politiques. Du moment où les travaux résultant d'une telle fécondité se maintiennent dans un ordre élevé, on peut sans crainte assigner à l'auteur qui les produit une bonne renommée littéraire.

L'*Anneau de Paille* offre le tableau curieux et dramatiquement, *sérieusement* historique de la jeunesse de Marie Stuard ; cette belle reine que la poésie, le théâtre et les romans se sont plus à représenter avec une physionomie de convention toute candide et toute pure; comme

---

(1) Le roi a fait prendre des exemplaires de cet ouvrage pour ses bibliothèques.

si la beauté du corps n'avait jamais contrasté avec les difformités de l'âme.

Déjà, dans un chapitre de *Nostradamus*, M. Bonnellier avait indiqué le parti qu'il pourrait tirer de cet usage consacré dans Sainte-Marine, — église de la Cité, — où l'on mariait les filles qui avaient manqué à l'honneur, en leur mettant au doigt un *anneau de paille*. Dans le nouveau roman, le souvenir de Sainte-Marine ne forme plus un épisode, mais domine tout le livre, et suscite les péripéties les plus saisissantes.

Les écoles, le clergé, la noblesse et les *Guise*, sont aux prises; l'abbaye de Saint-Germain-des-Prés et une *chevrière* sont l'objet de ce litige, où il y a du sang de versé, comme c'était l'usage en ce temps-là.

En reproduisant la physionomie des hommes et des événemens de 1559, M. Bonnellier a rappelé aussi avec certitude le caractère physique et moral de ce François II, que l'on a si peu analysé et qui, comme roi, doit subir devant l'histoire la responsabilité des crimes religieux et politiques, commis en son nom, et des misères de la France pendant son triste règne.

Nous disons avec une conviction que sans doute ne détrompera pas le jugement des lecteurs, l'*Anneau de Paille* sera le meilleur ouvrage sorti jusqu'à ce jour de la plume de M. Bonnellier : il y a associé avec un rare bonheur le drame et l'histoire, il y a porté çà et là des ombres fortes et tranchées qui font ressortir l'éclat de scènes pleines de grâces et de sensibilité.

La catastrophe qui termine ce roman est du plus grand effet, et nous compterions sur elle seule pour assurer le succès du livre.

SOUS PRESSE :

MADAME PUTIPHAR,

2 volumes in-8°.

EN VENTE :

SIMON LE BORGNE,

2 volumes in-8°.

IMPRIMERIE DE MADAME POUSSIN, RUE MIGNON, 2.

ELISKA,
OU LES FRANÇAIS EN PAYS CONQUIS.

Par Mlle Dudrézène.

5 Vol. in-12. — Prix : 15 fr.

———

LA VIRAGO.

Par M. H. de Châteaulin.

4 Vol. in-12. — Prix : 12 fr.

———

LES ARMORICAINES.

Par Mlle Dudrézène.

2 Vol. in-8o. — Prix : 15 fr.

IMPRIMERIE DE E. CHAIGNET, A RAMBOUILLET.

www.ingramcontent.com/pod-product-compliance
Lightning Source LLC
Chambersburg PA
CBHW050533170426
43201CB00011B/1409